第二届冯梦龙文化旅游节开幕式

阳澄讲台：第二届冯梦龙文化旅游节主旨演讲活动

福建学者赠送书法作品

日本学者赠书

《冯梦龙研究》赠书仪式

“梦龙清风”廉洁文化旅游线路启动仪式

冯梦龙村

冯梦龙纪念馆

冯梦龙研究

（第4辑）

吴妤 主编

苏州大学出版社
Soochow University Press

图书在版编目(CIP)数据

冯梦龙研究. 第4辑 / 吴妤主编. —苏州: 苏州大学出版社, 2019.3
ISBN 978-7-5672-2673-9

Ⅰ. ①冯… Ⅱ. ①吴… Ⅲ. ①冯梦龙(1574－1646)—人物研究②冯梦龙(1574－1646)—文学研究 Ⅳ. ①K825.6②I206.2

中国版本图书馆CIP数据核字(2018)第250636号

书　　名: 冯梦龙研究(第4辑)

主　　编: 吴　妤
责任编辑: 史创新

出版发行: 苏州大学出版社(Soochow University Press)
社　　址: 苏州市十梓街1号　**邮编:** 215006
印　　装: 苏州工业园区美柯乐制版印务有限责任公司
网　　址: http://www.sudapress.com
邮　　箱: sdcbs@suda.edu.cn

开　　本: 700mm×1000mm　1/16　**印张:** 10.5　**插页:** 4　**字数:** 155千
版　　次: 2019年3月第1版
印　　次: 2019年3月第1次印刷
书　　号: ISBN 978-7-5672-2673-9
定　　价: 28.00元

《冯梦龙研究》编委会

目 录

Contents

Contents

名家新作

冯梦龙研究的两大课题

——从袁行云先生[1]遗作说起

王 凌

今年是改革开放四十周年。回忆改革开放初期，学术界曾明确提出冯梦龙研究须突破的两大课题，一是“三言”为文学史增添了什么新东西，二是如何判断“三言”中哪些是冯梦龙原创或原创性作品。在20世纪80年代，这两个课题的研究确实火了一阵，刊物上发表了不少有创见的文章，但其后由于资料奇缺等原因，从1992年后冷寂了二十多年。

近几年，段宝林先生等著名专家、学者再次呼吁要“重新评价冯梦龙”。我以为上述两个问题不解决，“重新评价冯梦龙”便无从落地。最近数年，我从阅读袁行云先生遗作开始，根据二十多年来新发现的材料，重新研究这两个问题，写了几篇不算成熟的文章。现根据回忆介绍一些当年的情况，以期更多的人加入探索有关冯梦龙研究“两大课题”的队伍。

三十二年前的题词

我是在1981年开始从事冯梦龙研究的。记得1985年，我任福建省宁德地委宣传部副部长时，曾参与组织在宁德召开的第一次全国冯梦龙学术讨论会的工作，并有幸在会上结识了袁行云先生。

我于1967年毕业于北京大学中文系，因“文革”中断了十年的

---

① 袁行云（1928—1988），江苏武进人。新中国成立前做过记者，21世纪50年代至“文革”期间在北京二十一中学任教师，出版过一本关于海瑞的小册子。1979年考入中国社会科学院历史研究所，任副研究员。著有《许慎年谱》《许瀚年谱》《清人诗集叙录》等。

专业活动；1984 年我已到了“不惑”之年，但还有些“初生牛犊不怕虎”的锐气。我（时任福建人民广播电台驻宁德记者站站长）在 1984 年福建省作家协会组织的“纪念冯梦龙诞生 410 周年及入闽任寿宁知县 350 周年”的座谈会上，发表了《冯梦龙研究应该有一个大突破》的讲话，并得到老一辈学者黄寿祺、郭风、许怀中、陈侣白和上海《文学报》副总编曾文渊的支持；该讲话全文发表在 1984 年的《文学报》上，引起较大反响。1985 年，在宁德举办的第一次全国冯梦龙学术讨论会上，我（时已调任宁德地委宣传部副部长）又作了《试论冯梦龙及其“三言”在中国文学史上的历史地位》的长篇发言，得到来自全国各地的多位专家、学者的支持和鼓励，袁行云先生就是其中之一。我很激动，拿出当时流行的活页笔记本，请他题词留念。袁行云先生略微思索，当即提笔赋诗一首赠我：

诗到嘉隆势已衰，
公安小慧竟陵乖。
犹龙话本义仍曲，
卓荦千秋旷世才。

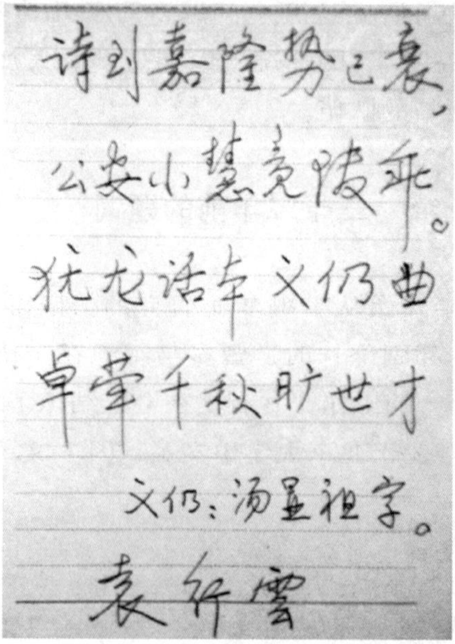

袁先生似乎意犹未尽，又在另一张活页上题了词：“力学不随流俗转，著书须及老年成。”并注明：宁德冯梦龙学术讨论会上晤王凌同志书此共勉之。

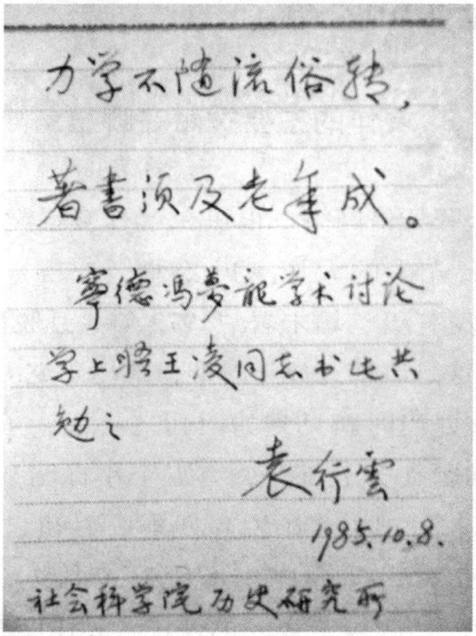
力学不随流俗转，
著書須及老年成。
寧德馮夢龍学术讨論
会上晤王凌同志书此共
勉之
袁行雲
1985.10.8.
社会科学院历史研究所

题词含义深刻，笔力雄健，一丝不苟，反映出袁先生严谨、敦厚的长者作风。后来我几经调动工作和搬迁易居，但这两个题词我都珍藏在身边。只是因为公务冗杂（当时我负责会务工作，要联系里里外外许多人），忘了问先生的电话，因此会后想联系时，却苦于无从下手。

2004 年我退休之后，又重新开始冯梦龙研究。2014 年，在寿宁召开的冯梦龙文化高峰论坛上，我担任秘书长，见识了多位新老研究者。2016 年初，我又受委托筹办 2016 年福建冯梦龙文化高峰论坛。我重读过去的文稿及师友来信题词，对袁先生的题词有了更深的体会，请他光临大会的想法也更为强烈，可就是打听不到他的消息。2016 年 10 月，我赴北京参加中国俗文学学会第七届全国代表大会，抽空向我的老师、北大教授袁行霈先生汇报福建开展冯梦龙研究的近况，谈及 2016 年福建冯梦龙文化高峰论坛的筹备情况，无意中谈到很想邀请袁行云等老专家出席，却苦于无法联系。袁老师当即告诉我，袁行云是他的叔伯哥哥，已于 1988 年去世；他在世时在长春《社会科学战线》发表了一篇研究冯梦龙的文章，还是很有见地的。我不由深深地自责：虽然自己专心研究冯梦龙四十年，却没有读过袁先生的大作，可见学识之肤浅，真有负先生的题词啊。现在只能“亡羊补牢”，但求弥补一些过失了。

袁作的主要贡献在哪里

回到福州后，我凭借网络，很快在《社会科学战线》1980年第1期上查到袁行云先生的大作《冯梦龙〈三言〉新证——记明刊〈小说〉（五种）残本》①，篇末署“1979年5月脱稿，1979年10月改定”。可以说，这是改革开放新时期，首批研究冯梦龙并取得突破的论文之一。该文以当时新见到的明刊《小说》（五种）残本为依据，论述了五个问题（分五部分，有五个小标题）：“一、《小说》残本的刊刻年代”；“二、《小说》残本内容和它与《三言》的关系”；“三、《小说》残本即《情史》所云（小说）”；“四、《三言》中的冯梦龙作品”；“五、《三言》的评校者和作序者都是冯梦龙”。

我觉得，在当时大多数冯研论文都从考据学角度切入的历史背景下，袁先生本文的重点也是以新见到的明刊《小说》（五种）残本为依据，详细考证分析后得出结论：《蒋兴哥重会珍珠衫》《沈小霞相会出师表》《老门生三世报恩》《玉堂春落难逢夫》《杜十娘怒沉百宝箱》《陈多寿生死夫妻》《吴衙内邻舟赴约》这七篇小说，是冯梦龙作品。当然，对这个问题也有不同看法。傅承洲《冯梦龙文学研究》一书的绪论中介绍道：“徐朔方先生《〈三言〉中的冯梦龙作品考辨》对袁文所认定的七篇小说逐篇进行考察，认为‘《新证》所举的冯氏作品，除孙楷第先生考定的《老门生》外，《蒋兴哥重会珍珠衫》《沈小霞相会出师表》《玉堂春落难逢夫》《吴衙内邻舟赴约》都不是冯氏作品，其他两篇则存疑’。”② 平心而论，要以确凿的原始资料为依据判断“三言”中哪些是冯梦龙创作的作品，难

---

① 见《社会科学战线》1980年第1期（总第9期，1980年3月30日出版）。

② 傅承洲《冯梦龙文学研究》，中国社会科学出版社2013年版，第9页。

度是很大的，因为冯梦龙死后数百年长期湮没于世，他的生平出现了许多不解之谜，作品重新出版也是在1919年之后缓慢进行的。现在的问题是，能不能从另一个角度提出判断的标准。否则，三十几年过去了，也只能以冯梦龙自己说“余向作老门生”为根据，认定仅《老门生三世报恩》一篇为真正的冯梦龙作品了！

我认为袁作最大的贡献是，袁行云先生那么早就已强调提出认定“‘三言’中的冯梦龙作品”的重要性。过去学术界对冯梦龙的文学成就评价不高，一个原因正在于认为冯梦龙编“三言”的主要贡献仅仅是搜集、整理；对他的艺术加工缺乏分析，更谈不上肯定他的艺术创新贡献；而如果没有艺术创新贡献，怎么谈得上是自己的作品呢？解决问题当然需要时间，但提出问题正是解决问题的前提。故我本人认为，袁行云先生大作最有价值的地方，正是鲜明地提出了这个问题。他在大作第四部分“《三言》中的冯梦龙作品”一节中明确提出：“《三言》是宋元明短篇白话小说集大成的总集。……大致说来，《三言》小说基本上可分为嘉靖前旧本和万历间新作两大类。前者记叙多称旧制，文字比较质朴；后者多反映现实社会，故事曲折，描写细致，具有市民阶层兴起的时代特征。前者约四五十篇，占全书三分之一强；后者（包括前代故事经过改写的在内）约七八十篇，占全书三分之二弱。这里面肯定有很大一部分是冯梦龙作品，‘惜他不曾说明，现在已不可得知了’。”[①] 袁先生虽然没有进行更具体的论述，但他提出了辨析的几个标准，包括是否符合冯梦龙“作品风格”，指出必须“结合故事源流，并从冯氏其他著作中找出线索、矛盾，才能确定”。以上见解是十分大胆的，也是极有前瞻性的。我们应该吸纳袁先生的见解，在当前所能掌握的考据材料汇总的基础上做出认真的辨析，不能坐等资料的挖掘；因为可能永远也无法挖掘出有用的资料，那按照过去的老方法，也就永远无法辨析冯梦龙作品了。而如果换一个角度，问题也许就有突破的可能。在这点上，袁先生的见解及提出问题的勇气和胆略，显得十分珍贵！

---

① 袁行云《冯梦龙〈三言〉新证——记明刊〈小说〉（五种）残本》，《社会科学战线》1980年第1期。

读袁作后再读题词的感悟

读完袁先生的大作后再读他写给我的题词，便有了许多新的感悟。当年袁先生给一个初次谋面的后生题词，除了鼓励之外，关键在于他对冯梦龙在文学史上的贡献给予充分肯定，并觉得需要年轻学者去做突破的猛士！他从历史发展的角度肯定冯梦龙，当时就把冯梦龙与汤显祖摆在同样重要的位置上："诗到嘉隆势已衰，公安小慧竟陵乖。犹龙话本义仍曲，卓荦千秋旷世才。"何其难得！何其高瞻远瞩！他勉励我"力学不随流俗转"，应该是针对我当时发表的两文《冯梦龙研究应该有一个大突破》和《试论冯梦龙及其"三言"在中国文学史上的历史地位》。我的主要观点是：为了给"三言"以正确的评价，必须把它作为一个整体来研究。冯梦龙编"三言"的直接起因是接受"贾人之请"，从众多的话本、拟话本小说中，"抽其可以嘉惠里耳者"加以编纂；也有不少是根据旧书本的线索或生活的直接启示，进行加工及再创作的。其思想体系和编排体例，十分驳杂。应当采取何种分类方法，对这部共收一百二十篇作品的小说总集进行总体研究呢？据大多数专家认定，其中约三分之一是宋元话本，三分之二是明拟话本。这种分类法虽然有一定道理，但在总体研究上也存在着局限。因为"三言"中所收的宋元话本往往不是宋元话本的本来面目，而是经过明代人（包括冯梦龙）的加工和润色，而明拟话本因为取材角度和方法不同等原因，思想及艺术性差别也很大，以作品产生年代作为标准划分揭示不了问题的本质，所以，为了进行总体研究，我当时借鉴鲁迅在《中国小说史略》中分析《醒世恒言》时所采取的方法，即从作品反映现实生活的取材角度进行分类（姑且称之为"取材分类法"）。我们不难发现，"三言"中约四分之一的小说（计三十二篇），取材于春秋战国到唐末五代的故事；人物主要活动在以长安为中心的我国北方，少数在四川、扬州、杭州等地；内容或讲神仙怪异（十六篇），或讲发迹变泰（以帝王将相居多，七篇），或歌颂友谊（封建色彩浓厚，九篇）。这些作品，正如鲁迅指出的："多取材晋唐小说……而古今风俗，迁变已多，演以虚词，转失生气。”[①] 这部分作品思想上多不足取，艺术上也较粗糙。而以宋元为背景的有五十六篇（其中一部分是借宋元为背景而实际上反映明代生活的明拟话本，一部分是经过加工的宋元话本），以明朝为背景的有三十二篇，二者合计八十八篇，约占全书四分之三。与前者相比，故事发生的地点逐渐南移，由开封、洛阳，而南京、扬州、苏州、杭州、景德镇、广东、福建等商品经济比较发达的地区；从内容看，神仙怪异的题材大大减少（仅十篇），歌颂友谊的作品也突破了封建意识的藩篱，而篇幅居多的爱情婚姻及公案小说，则主要反映市民的日常生活，“极摹人情世态之歧，备写悲欢离合之致”，所以鲁迅统称之为“人情小说”，并深刻地指出：因为“所写皆近闻，世态物情，不待虚构，故较高谈汉、唐之作为佳”[②]。这部分作品中的优秀篇章（以反映明代生活的明拟话本为主，也包括一些经过加工的宋元话本），是“三言”的精华，对后代的影响很大，直至今日，仍被改编为电影和戏剧，它们是评价“三言”的主要依据。

当时我还认为，不少研究者把“三言”分成“爱情”“公案”“友谊”“神仙怪异”等类，这是对的；但他们没有把它们放在文学史作纵向的研究，分析它们比以前的同类作品提供了哪些新的东西。我首次明确提出，如果说，“三言”以前的小说名篇，如《水浒传》以塑造农民起义的英雄群像见长，《三国演义》以描写帝王将相的角逐斗争为主，《西游记》展现了正义战胜邪恶的瑰丽幻想，《金瓶梅》暴露了统治阶级的腐朽与堕落，那么“三言”的可贵之处就在于，它第一次把以手工业者、小贩、小商人及其妻女为主的城市平民作为正面人物写入作品。这里既有绝处逢生，靠冒险发家，而不忘糟糠之妻的商人宋小官，又有原为织户，后逐步发迹，而对同业寄予同情心的手工业者施润泽；既有尊重女性，视感情高于贞节的商人蒋兴哥和卖油郎秦重，又有追求幸福，视爱情高于生命的名姬

---

① 鲁迅《中国小说史略》第二十一篇《明之拟宋市人小说及后来选本》，人民文学出版社 1973 年版，第 344 页。

② 鲁迅《中国小说史略》第二十一篇《明之拟宋市人小说及后来选本》，人民文学出版社 1973 年版，第 344 页。

杜十娘和养娘秀秀；既有遭冤屈丧生的小商人崔宁和“卖糕的女儿”陈二姐，又有不甘冤屈、竭力抗争的木匠张廷秀兄弟；既有美丽善良，在新婚之夜棒打薄情郎的“团头之女”金玉奴，又有充满正义感，敢大胆戏弄贪官污吏、土豪劣绅的偷儿赵四……人物如此众多，性格如此复杂丰富，生活面如此广阔，可以说是一部中世纪晚期我国市民生活的百科全书。

当然，我当时还来不及作分门别类的详细分析，所以袁先生告诫我：“著书须及老年成”。我现在老了，却没有著书立说，更没有成一家之言，真是愧对袁先生的题词。我最遗憾的是当时没有读到袁先生的大作，不然思考问题会少走许多弯路。现在学术界的交流依然甚少，各搞各的，缺乏碰撞，也是我们要大力改变的！但我觉得，改革开放初期学术界提出冯梦龙研究这两大课题（一是“三言”为文学史增添了什么新东西，二是判断“三言”中哪些是冯梦龙原创或原创性作品），仍然是冯梦龙研究最关键而又需要继续深入具体分析的课题。我希望学术界加强沟通合作（包括对我几篇不算成熟的文章的批评指正），以求取得新的突破，慰藉冯梦龙英魂于九泉之下！

（作者为福建省新闻出版广电局教授级研究员，福建省通俗文艺研究会冯梦龙研究委员会主任）

冯梦龙研究在日本

〔日本〕大木康

中国文化对日本文化的影响很大。在文学方面，有几位文学家的影响特别明显。举一个例子，就是唐代的白居易。白居易的诗歌对日本文学的影响就历来很大。在日本古代，说起“文集”，特指的就是白居易的《白氏文集》。《源氏物语》的开头，就提起白居易的《长恨歌》。除了白居易以外，还有李白、杜甫、苏东坡等的影响也很大。冯梦龙也是对日本文化影响很大的一位文学家。

冯梦龙的不少著作曾在日本出版，其中影响最大的是白话短篇小说集“三言”。天启四年（1624），在南京刊行的《警世通言》金陵兼善堂本，于江户时代的宽永十年（1633）被尾张（名古屋）德川家购买。还有住在京都的著名学者伊藤仁斋，在天和三年（1683）的日记中提道：他曾从唐本屋宇兵卫那里，借来《醒世通言》阅读。当时，因为从中国进口的书（日本所谓的唐本）很贵，所以伊藤仁斋也只能从书店借来阅读。

其后，18 世纪的日本还出现了“‘三言’热”文学现象。当时，冈白驹《小说精言》（宽保三年，1743）、《小说奇言》（宝历三年，1753）和泽田一斋《小说粹言》（宝历八年，1758），被称为日本的“小说三言”。“小说三言”的各部，是从冯梦龙“三言”中选择四五篇作品，并在其原文上加以日本的训读符号而编成出版的。对日本人而言，难以理解的白话（口语），为之添上“左训”（位于原文左侧的日语解释），如此，只要是能够进行汉文训读的日本人，就都能读懂“三言”的原文。

再者，除了“小说三言”之外，还有《通俗赤绳奇缘》（宝历十一年，1761），该书是《醒世恒言》卷三《卖油郎独占花魁》的日语翻译；《通俗醒世恒言》（宽政二年，1790）则是《醒世恒言》中的四篇作品的日语翻译。还有《通俗古今奇观》（文化十一年，1814），是收在《今古奇观》中的《警世通言》《醒世恒言》的作品。

“小说三言”是刊行“三言”的原文并加以日本的训读符号，而“通俗”则是指“三言”故事的日语翻译。这一时期，相继出现了根据“三言”翻译的故事，情节脱胎于原作，而作品中的人名或地名等则是根据日本习俗修改过的所谓的“翻案”作品（即“读本”），如：都贺庭钟的《英草纸》（宽延二年，1749）、《繁野话》（明和三年，1766）和上田秋成的《雨月物语》［明和五年（1768）脱稿，安永五年（1776）刊行］等“读本”作品。上田秋成的《雨月物语》是日本文学史上特别有名的作品。其中，《菊花の約》则根据《古今小说》的《范巨卿鸡黍死生交》，《夢応の鯉魚》则根据《醒世恒言》的《薛录事鱼服证仙》，《蛇性の婬》则根据《警世通言》的《白娘子永镇雷峰塔》（即《白蛇传》），改编而成。在日本，冯梦龙的名字或许因为上田秋成《雨月物语》的蓝本——“三言”的编集者而最广为人知。

“三言”的旧版本，很多留存在日本。《喻世明言》（二十四卷本）、《古今小说》收藏在内阁文库，《警世通言》收藏在名古屋的蓬左文库和东京大学东洋文化研究所，《醒世恒言》收藏在内阁文库等。

除了“三言”以外，冯梦龙编纂的《三教偶拈》是以儒教的王阳明、佛教的济颠禅师、道教的吕洞宾等作为主角的三篇白话小说组成的小说集。本人所在的东京大学东洋文化研究所收藏的一本是绝海孤本。其中《王阳明先生出身靖乱录》，在日本江户时代就单独出版了。

冯梦龙所编撰的福建寿宁县的地方志《寿宁待志》等一些著作，仅存于日本。而题作“七十二老臣冯梦龙恭撰”的《中兴伟略》，是日本正保三年（1646）和刻本，由此可了解冯梦龙晚年活动的一些情况，是冯梦龙生平研究的重要资料之一。

冯梦龙还编纂过笑话集《笑府》十三卷。这本《笑府》传到日本后，出版了多种和刻本。其中如《畏馒头》，则成为日本“落语”（单人相声）的题材。《笑府》有松枝茂夫先生的日语全文翻译。

冯梦龙所编集的故事集《智囊》，于江户时代的文化四年（1807）在日本京都被刊刻出版，并且在幕府末期，由江户的昌平坂学问所（当时的国立大学）“官板”发行。2003年中国档案出版社、鹭江出版社影印出版了《毛泽东评点〈智囊〉》。毛泽东阅读批点的《智囊》就是日本的昌平坂学问所的官板。

另外，冯梦龙的《情史类略》，也有明治十二年（1879）的抄译《情史抄》三卷。以上主要是江户和明治时代冯梦龙的著作在日本刊行和对日本文学影响的情况。

从江户时代开始到明治时代，冯梦龙的著作，在日本以和刻本的形式问世，或者被翻译，或者变为日文的“读本”作品，阅读者甚多。但是，对于冯梦龙个人的研究，应该说是从大正十五年（1926）8月到10月的《斯文》第八编第五号、第六号、第七号连载的盐谷温的论文《关于明代小说“三言”》开始的。当时的东京帝国大学教授盐谷温，在内阁文库等图书馆中发现冯梦龙“三言”［《古今小说》（即《喻世明言》）、《警世通言》、《醒世恒言》］的版本，并进行了介绍。至此，之前只收录于《今古奇观》，部分被人知晓的“三言”全貌出现在大家面前了。鲁迅先生的《中国小说史略》（新潮社，初版本，1924）第二十一篇《明之拟宋市人小说及后来选本》，虽然提及了冯梦龙的“三言”，而对于《喻世明言》《警世通言》皆称“未见”。盐谷温的这篇论文，被汪馥泉翻译成中文，为1930年出版的《中国文学研究译丛》所收录。

此后，盐谷温的学生辛岛骁和长泽规矩也等人陆续发现并介绍了尾张德川家蓬左文库所藏的《警世通言》（金陵兼善堂本）和大连图书馆所藏的《警世通言》。盐谷温先生是东京帝国大学的教授。东京帝国大学就是现在的东京大学。盐谷温先生是我老师的老师的老师。我的老师尾上兼英先生，也是研究冯梦龙“三言”的专家。因此可以说，我们东京大学一直有着研究冯梦龙的传统。

（作者为日本东京大学教授）

学术焦点

冯梦龙与《金瓶梅》

陈桂声

引言：问题的提出

明代万历年间问世的章回小说《金瓶梅词话》，被誉为“天下第一奇书”。见今存世的《金瓶梅》最早刊本，书名全称为《新刻金瓶梅词话》，作者署“兰陵笑笑生”，并未标明刊行者，但学界一般认为是由苏州书林所印。在刻本问世之前，《金瓶梅词话》是以抄本形式流传，并曾在苏州出现。而活跃于苏州的明代通俗文学大家和出版商冯梦龙，与此有着密不可分的关系，有学者甚至认为冯梦龙即为《金瓶梅》的作者。那么，冯梦龙与《金瓶梅》抄本、刻本的关系究竟怎样？能否确定他就是《金瓶梅》的作者？本文拟就此三方面问题略抒己见，尚祈方家指正。

冯梦龙与《金瓶梅》抄本

《金瓶梅》的抄本，虽然今人未见片纸只字，但其曾经面世且流布南北，却是确凿无疑的。据见今所见史料，早在四百多年前，《金瓶梅》的抄本就已经引起了人们极大的兴趣。明万历二十四年丙申（1596），公安派大诗人袁宏道在《与董思白书》中说：

> 一月前，石篑见过，剧谭五日。已乃放舟五湖，观七十二峰绝胜处，游竟复返衙斋，摩霄极地，无所不谈，病魔为之少却，独恨坐无思白兄耳。《金瓶梅》从何得来？伏枕略观，云霞

满纸，胜于枚生《七发》多矣。后段在何处，抄竟当于何处倒换？幸一的示。①

董思白即董其昌，明代有名书画家，字玄宰，号香光居士，思白亦其号，松江华亭（今属上海）人。袁宏道的《与董思白书》写于万历二十四年丙申（1596），其时董其昌正养病家食于乡。而袁宏道时亦知吴县（今江苏苏州），并游历江南，与董其昌多有交往，故自董其昌处得到《金瓶梅》抄本阅读，且评价甚高。

这就是见今所能见到的有关《金瓶梅》及其抄本的最早记录了。此外，明人薛冈亦见过《金瓶梅》的抄本。明苏州人沈德符《万历野获编》卷二十五《词曲》最后一则《金瓶梅》亦有记载：

> 袁中郎《觞政》以《金瓶梅》配《水浒传》为逸（外）典，予恨未得见。丙午，遇中郎京邸，问："曾有全帙否?"曰："第睹数卷，甚奇快。今惟麻城刘涎白承禧家有全本，盖从其妻家徐文贞录得者。"又三年，小修上公车，已携有其书，因与借抄挈归。②

丙午即万历三十四年（1606），距袁宏道初次见到《金瓶梅》已有十年。又过三年，万历三十七年己酉（1609），袁宏道之弟袁中道小修抵京。则袁宏道未见抄本全本，是后来袁中道把抄本全帙带至北京，才使得沈德符有机会借抄而携至苏州。

可见，在当时，《金瓶梅》辗转流布已久，颇为文人所钟爱，并予以辗转传抄，录有全本。然而，尽管人们对小说赞不绝口，誉为"云霞满纸"，但始终未见有人将之付梓。自然，由于年代久远，今天也无人再见到《金瓶梅》的抄本，也未知至今天地间是否还存有小说的抄本。

沈德符将《金瓶梅》抄本带到苏州后，与冯梦龙和时権吴县钞

① 《袁宏道集笺校》卷六《锦帆集之四·尺牍》，上海古籍出版社1981年版，第289页。

② 沈德符《万历野获编》卷二十五《词曲·金瓶梅》，中华书局1959年版，第652页。

关（征税机构）的河南新野人马仲良一起分享欣赏。《万历野获编》卷二十五《词曲·金瓶梅》在记载了自袁中道处抄得《金瓶梅》后，云：

> 吴友冯犹龙见之惊喜，怂恿书坊，以重价购刻。马仲良时榷吴关，亦劝予应梓人之求，可以疗饥。予曰："此等书必遂有人板行，但一刻即家传户到，坏人心术。他日阎罗究诘始祸，何辞置对？吾岂以刀锥博泥犁哉。"仲良大以为然。遂固箧之。未几时，而吴中悬之国门矣。然原本实少五十三回至五十七回，遍觅不得。有陋儒补以入刻，无论肤浅鄙俚，时作吴语，即前后血脉亦绝不贯串，一见知其赝作矣。①

这是我们见到的有关冯梦龙与《金瓶梅》抄本接触的最早记录。从沈德符的记载中，我们可以得知，冯梦龙很可能是第一次得知并见到《金瓶梅》抄本，因此"见之惊喜"，而且，立即表示要"怂恿书坊，以重价购刻"，且马仲良亦表示赞同，支持梓行。可见，冯梦龙对《金瓶梅》极为赞赏，态度坚决，毫无犹豫遮掩。相较于冯梦龙，沈德符的态度颇为矛盾，其一方面对《金瓶梅》孜孜以求，以未得一睹为恨，一旦获得，爱不释手，一方面又以所谓会"坏人心术"而秘而不宣，忸怩作态，文学观和小说观显得保守和落后。

但是，沈德符的拒绝和阻拦没有起到作用，《金瓶梅》很快就在苏州刊刻问世，沈德符也看到了刻本，并声称此非真本，而是"赝作"。但是，"真本"被沈德符藏于书箱，读者无以得见，自然也无以比较，故而也无法断定公开流布的《金瓶梅》刻本是否"赝作"。那么，沈德符把《金瓶梅》抄本"固箧"起来，怎么会"未几时，而吴中悬之国门矣"呢？又是谁敢冒"以刀锥博泥犁"的报应，把《金瓶梅》雕版印刷使之公开行世的呢？冯梦龙会否就是《金瓶梅》的梓行者呢？

---

① 沈德符《万历野获编》卷二十五《词曲·金瓶梅》，中华书局1959年版，第652页。

冯梦龙与《新刻金瓶梅词话》刻本

如上所述，我们知道，《金瓶梅》的初刻本在苏州出现。但究竟是何人所刊行，则无从得知。从沈德符《万历野获编》卷二十五《词曲·金瓶梅》的记载可知，万历三十四年丙午，是公元 1606 年；三年后，即万历三十七年己酉，为公元 1609 年；“未几时”，或为第二年，即万历三十八年庚戌，为公元 1610 年。鲁迅采信了这一条材料，云：“万历庚戌（一六一〇），吴中始有刻本，计一百回，其五十三回至五十七回原阙，刻时所补也（见《野获编》二十五）。”① 但是，这个庚戌刻本我们没有见到，因此，或谓沈德符所说的“未几时，而吴中悬之国门”的《金瓶梅》，即是刊刻于万历四十五年丁巳（1617）并流传至今署名“兰陵笑笑生”的《新刻金瓶梅词话》。但既云“新刻”，或非初刻。而袁氏兄弟及沈德符诸人不仅是最早读到《金瓶梅》的人，并且对小说极为喜爱和关心，但他们从未提到过小说作者为“兰陵笑笑生”。因此，学者或认为有所谓的庚戌刻本存在。然而，明嘉兴人李日华在《味水轩日记》卷七中说：

> 万历四十三年十一月五日，沈伯远携其伯景倩所藏《金瓶梅》小说来，大抵市诨之极秽者耳，而锋焰远逊《水浒传》。袁中郎极口赞之，亦好奇之过。②

万历四十三年乙卯，为公元 1615 年。景倩即沈德符，伯远为其侄子。其时，《新刻金瓶梅词话》（丁巳本）尚未问世。李日华是第一次看到《金瓶梅》，如果有庚戌刻本，到此时已面世五年，但李日华似乎一无所知，并未提到有所谓的“庚戌本”。因此，断定有《金瓶梅》庚戌本的存在，也没有令人信服的理由。还有，令人好奇的是，冯梦龙对沈德符之抄本“见之惊喜，怂恿书坊，以重价购

---

① 鲁迅《中国小说史略》第十九篇《明之人情小说〈上〉》，人民文学出版社 1973 年版，第 323 页。

② 李日华《味水轩日记》卷七，上海远东出版社 1996 年版，第 496 页。

刻”，虽然被沈德符以“一刻即家传户到，坏人心术。他日阎罗究诘始祸”为由阻止，但是，我们看到，对沈德符之说“大以为然”的是“时榷吴关”的马仲良，而不是有着书商身份的冯梦龙。虽然苏州在明代为书坊林立之地，但《金瓶梅》已被“固箧”之，何人得以取出梓行？除非另有抄本，为书商所得，不惧“他日阎罗究诘始祸”，甘愿冒着“以刀锥博泥犁”的报应，而刊行牟利外，那么，最有可能的，是对《金瓶梅》惊喜不已而又有机会接触到箧中抄本的冯梦龙，将之刊刻而“悬之国门”。

王利器于《〈金瓶梅词话〉成书新证》[①] 一文中，说是袁无涯千里迢迢，自苏州西上公安（今属湖北），除了将新刻的李卓吾批点《水浒传》送给袁中道诸人外，还想从袁中道那里得到《金瓶梅》抄本，但袁中道说了一通《水浒传》“诲盗”、《金瓶梅》“诲淫”的话，认为“有名教之思者，何必务为新奇，以惊愚而蠹俗乎”[②]，致使袁无涯转道而往麻城（今属湖北），向藏有《金瓶梅》抄本的著名藏家刘承禧求借（袁中道处抄本或亦抄自刘家），挈归苏州，补入原书所缺之第五十三回至第五十七回，卷首加上“廿公《跋》”等，予以梓行。自然，袁无涯为明末苏州有名书商，与公安三袁过从甚密，所刻小说、诗文颇多。但王利器以此判定悬之吴中国门的《金瓶梅》刻本即为袁无涯所刻，其实也没有什么确凿的证据，所论描述多于考证，还是属于猜测之词。

笔者认为，在当时，如欲刊刻《金瓶梅》，必须具备三个条件：其一，要有不惧怕所谓下地狱、遭报应的勇气；其二，要能取得《金瓶梅》的抄本；其三，要有完成雕版印刷的物质设备。这三个条件，冯梦龙无一阙如。第三点，冯梦龙本身是名书商，刻书行世，自是当行本分，毋庸置疑。至于第一点，从沈德符的记载里，我们已经看到冯梦龙对《金瓶梅》的喜爱以及急于梓行的巨大兴趣和愿望，对沈德符的阻止刊刻理由不置一词（很可能是沈德符没有把冯梦龙的反对意见记录下来），而且，沈德符认为此书一旦板行于世，

---

① 见杜维沫等编《金瓶梅研究集》，齐鲁书社 1988 年版。

② 袁中道著、钱伯城点校《珂雪斋集》（下册）《游居柿录》卷九，上海古籍出版社 2007 年版，第 1316 页。

“家传户到”，会“坏人心术”，主要顾虑是小说中的秽亵文字，但这在冯梦龙看来，并无不可，无伤大雅，我们只要翻翻冯梦龙的“三言”，除《新桥市韩五卖春情》（《古今小说》第三卷）外，其中《闲云庵阮五偿冤债》（《古今小说》第四卷）、《金海陵纵欲亡身》（《醒世恒言》第二十三卷）等，多见色情文字，尤其是《金海陵纵欲亡身》一篇，通篇秽亵描写，冯梦龙亦照收不误，可见，冯梦龙于《金瓶梅》中的秽亵文字，当不以为奇。实际上，色情小说在当时充斥市场，已是常见现象。所以，沈德符诸人孜孜以求《金瓶梅》，花大力气抄写欣赏，又以所谓的“坏人心术”为由，而不欲令人梓行，不免有点虚伪之嫌。关键在于第二点，不得抄本，则难为无米之炊，获得《金瓶梅》抄本，是刊刻小说最不可少的条件。笔者认为，极有可能是冯梦龙从沈德符那里借得抄本，重抄一过。因为，沈德符所谓的“固箧之”，也只是说说而已的。上述李日华所云沈德符将抄本《金瓶梅》交由沈伯远携带示人，亦不以为会坏了其侄子的心术，那么，一旦冯梦龙向其借阅抄本，沈德符如若坚拒，亦不合常理。这样，在沈伯远将抄本携走两年后即万历四十五年丁巳（1617），我们今天所看到的《新刻金瓶梅词话》，也就堂而皇之地置于寻常人家案头了。当然，这也仅仅是笔者的臆测之词，姑妄言之耳。

见今所见最早的《金瓶梅》刻本，全称《新刻金瓶梅词话》，故学界亦称“词话本”；又因为此本有序，云作于万历丁巳间，因此，学界也称为“万历本”或“丁巳本”。全书一百回，国内所见此本，第五十二回阙第七、第八两叶。但日本所藏同一版本则未阙。此本卷首有序，题“欣欣子书于明贤里之轩”，次为“跋”，题“廿公书”，又有序，题“万历丁巳季冬，东吴弄珠客漫书于金阊道中”，乃公元1617年在苏州所写，而序者自称东吴弄珠客，则当为吴人，学者或谓是冯梦龙，亦有主张是董其昌、沈德符、袁无涯、李日华等的。笔者认为，从该序所表达的思想观点来看，极有可能为冯梦龙所撰。试比较冯梦龙“三言”序言与东吴弄珠客《金瓶梅序》：

《古今小说叙》：

说话人当场描写，可喜可愕，可悲可涕，可歌可舞。再欲捉刀，再欲下拜，再欲决脰，再欲捐金。怯者勇，淫者贞，薄者敦，顽钝者汗下。虽小诵《孝经》《论语》，其感人未必如是之捷且深也。①

《警世通言叙》：

里中儿代庖而创其指，不呼痛，或怪之，曰："吾顷从玄妙观听说《三国志》来，关云长刮骨疗毒，且谈笑自若，我何痛为?"夫能使里中儿顿有刮骨疗毒之勇，推此说孝而孝，说忠而忠，说节义而节义，触性性通，导情情出。②

《醒世恒言叙》：

《醒世恒言》四十种，所以继《明言》《通言》而刻也。明者，取其可以导愚也；通者，取其可以适俗也；恒则习之而不厌，传之而可久。三刻殊名，其义一耳。③

《金瓶梅序》：

《金瓶梅》，秽书也。袁石公亟称之，亦自寄其牢骚耳，非有取于《金瓶梅》也。然作者亦自有意，盖为世戒，非为世劝也。如诸妇多矣，而独以潘金莲、李瓶儿、春梅命名者，亦楚《梼杌》之意也。④

通读四篇序言，有一共同观点：通俗说部适于里耳，而且可以羽翼经史，有着巨大的不可替代的社会教化功能，即如《金瓶梅》有着秽亵文字和淫秽情节，亦乃"为世戒，非为世劝"。基于此，编撰"三言"的冯梦龙，将《金瓶梅》付梓行世并作序申明惩恶扬

---

① 《古今小说》卷首，上海古籍出版社 1987 年版（影明天许斋本）。
② 《警世通言》卷首，上海古籍出版社 1987 年版（影明兼善堂本）。
③ 《醒世恒言》卷首，上海古籍出版社 1987 年版（影明叶敬池本）。
④ 《金瓶梅词话》卷首，日本大安株式会社 1963 年版（影明万历本）。

善，与“三言”之喻世、警世、醒世之宗旨无二，也就顺理成章了。

冯梦龙是《金瓶梅》作者？

关于《金瓶梅》究由何人所作，自小说问世以来，从王世贞、李贽、冯惟敏、李开先、徐渭、卢楠、贾三近、屠隆到李渔等，皆被人指为作者，众说纷纭，莫衷一是，迄今为止，“候选人”据说已达数十人之多，这在中国古代小说家研究中也是一个颇为有趣的现象。

其实，在所有的相关“候选人”中，尽管主张某人为《金瓶梅》作者的学者，爬罗剔抉，旁征博引，言之凿凿，但无一人可以提出令人信服的材料，来证明其拥有《金瓶梅》的著作权和署名权。

依据目前所掌握的有限史料，笔者认为将《金瓶梅》的作者定为北兰陵即今鲁西南人，是比较恰当的。尝有学者提出，小说中写到应伯爵说：“江南此鱼（鲥鱼），一年只过一遭儿，吃到牙缝儿里，剔出来都是香的。”（第五十二回），西门庆家用马子（马桶），李瓶儿重病时花子由建议将三七（田七）调酒服用（第六十三回），西门庆常饮金华酒等，以此来考定作者为南方人。其实，这些观点无非是将一个个孤立的零星材料，予以无限放大并替代全部，无视小说作为一个整体，是源于生活但不同于生活的艺术世界而得出的，俗称“钻牛角尖”是也，不值一驳。小说作者创作时，将个人生活经历和经验写入书中，并无不可，且从《金瓶梅》所写内容来看，作品描写之地域空间，不限于清河一带，还涉足京师东京，远至运河两岸直至江南，南北风俗民情，均有反映，这只能证明作者并非三家村老学究，而是一个游历甚广、见识丰富的大才子。

冯梦龙一生在南方生活，除了晚年任福建寿宁知县以及游浙江杭州、台州等地外，绝大部分生涯是在苏州度过的。《金瓶梅》中大量敷演和运用的北方生活习俗与语言习惯，不是一个基本上一生在吴语地区度过的文人可以深入了解、掌握和娴熟运用的。何况，《金瓶梅》一书，其词话本，仅凭作品中俯拾皆是的说唱文字及说话表演手法，亦可表明小说脱胎于说话，所谓“兰陵笑笑生”亦乃一写定者，与罗贯中辈同。设如冯梦龙为《金瓶梅》作者（写定者），那么，何必要在看到沈德符所携抄本时故作“惊喜，怂恿书坊以重价购刻”？冯梦龙作为书商，自是近水楼台，将自己所写之书梓行（隐去“墨憨斋定本”字样即可），岂不省事？

如上所述，依据目前所掌握的有限史料，学界对《金瓶梅》为何人所撰（写定）的研究，是无法取得令人信服和满意的成果的，将冯梦龙视作《金瓶梅》的作者，也缺乏证据，焉可妄下结论。笔者认为，如若沈德符所言抄本《金瓶梅》原阙第五十三回至第五十七回凡五回属实，而今所见《金瓶梅词话》已是足本，亦为冯梦龙所印，那么，作为通俗小说大家的冯梦龙，在雕版之前，将所阙部分补齐，亦在情理之中。冯梦龙编写“三言”，其中作品多有修补，且《金瓶梅词话》第九十八回《陈经济临清开大店　韩爱姐翠馆遇情郎》与第九十九回《刘二醉骂王六儿　张胜忿杀陈经济》部分情节文字，与《喻世明言》第三卷《新市桥韩五卖春情》基本相同。这不仅足以证明冯梦龙于《金瓶梅词话》有所取材，反过来，其对《金瓶梅词话》有所补阙亦不无可能。但是，这样说，并不是认为冯梦龙即拥有了《金瓶梅》的著作权，而是说明冯梦龙对《金瓶梅》梓行流布的贡献。

所以，在现时，我们只能说，《金瓶梅》的作者是一个谜。也许将来找到确凿无疑的证据，能把《金瓶梅》的作者考证得一清二楚，则对阅读和理解《金瓶梅》当大有裨益。但如果这个谜团永远解不开，那么，我们还是把主要精力放在小说文本的阅读上，放在对小说的社会价值、文学价值、美学价值的研究上。因为，一部伟大小说的价值和意义，主要存在于作品本身，其他的一切研究包括小说作者的考证，也都是为小说文本的阅读和研究服务的。离开小说文本的阅读和研究，对小说家的考证和研究还有多少意义呢？笔者赞成花力气考索《金瓶梅》的作者问题，但反对为了考证而考证。在《金瓶梅》作者问题上，只是认为，在没有发现和掌握足够的可靠史料时，不要轻易地断言某人即为作者，以免徒增不必要的学术纷扰。

结 语

本文探讨冯梦龙与《金瓶梅》的关系，提出三个问题，认为：一、冯梦龙作为《金瓶梅》抄本的早期读者，对小说的价值和意义有着极高的评价和热情，反映了明代后期小说思想的发展和进步；二、《金瓶梅词话》的刻本在苏州首先面世，冯梦龙作为始作俑者的可能性极大，其贡献值得赞赏和肯定；三、冯梦龙很可能对见今所见之《金瓶梅词话》有所修补，但尽管如此，犹不能证明冯梦龙为《金瓶梅》的作者（写定者）。笔者撰为此文，提出问题，认为其有探讨的价值和意义，然限于史料的匮乏，亦为识见所囿，并未能彻底解决问题，得出明确结论，仅是抛砖引玉，求教于高明，冀对冯梦龙与《金瓶梅》的研究有所启发和裨益。

（作者为苏州大学文学院教授）

冯梦龙与明末苏州出版业

黄镇伟

明代中后期，苏州的出版活动精彩纷呈，尤其在汇刻唐诗和通俗文学作品方面，名品迭出，在全国独树一帜，影响深远。

明初，长乐高棅选编《唐诗品汇》，引宋代严羽《沧浪诗话》之论，将唐诗发展划分为初唐、盛唐、中唐、晚唐四期，对弘治、正德及嘉靖、隆庆时期前后七子“诗必盛唐”的主张，以及有明一代编刊唐人诗集都产生了较大的影响。弘治以来，苏州的藏书刻书活动逐渐进入一个高峰期，而此时的两位苏州进士、诗人徐祯卿和王世贞分别成为前后七子的代表人物，这无疑激起了苏州刻书家编刊唐人诗集的热情。从文献记载和现存实物看，自正德年间起，苏州编刊的唐诗合集陆续行世，成为当时出版物中的一抹亮色。

正德十四年（1519），吴门陆氏刊印《唐五家诗》，辑录中山郎士元，丹阳皇甫冉、皇甫曾兄弟，延陵包何、包佶兄弟五人诗六卷。嘉靖中，陆汴辑刻《广十二家唐诗》，一名《中唐十二家诗集》。松江朱警辑刻《唐百家诗》，凡初唐二十一家，盛唐一十家，中唐二十七家，晚唐四十二家。嘉靖二十九年（1550），武进蒋孝刻印《中唐十二家诗集》。嘉靖三十三年，黄贯曾浮玉山房又刻《唐诗二十六家》。

万历三十一年（1603），吴县甫里许自昌霏玉轩辑刻《前唐十二家诗》二十四卷，录初唐四杰、陈子昂、杜审言及岑参等初唐十二家诗各二卷。崇祯间，毛晋汲古阁先后辑刻《唐人八家诗》，《五唐人集》，《唐六名家集》四十二卷，《唐四名家集》十二卷，《唐三高僧诗》四十七卷，《唐人选唐诗八种》等。

其中最为著名者是嘉靖中吴县徐缙的铜活字本《唐五十家诗

集》，其书汇集唐太宗、虞世南、许敬宗等五十家诗集，蔚为壮观。

明万历后期至崇祯末，苏州民间书坊共同推出了具有时代标志性意义的产品：冯梦龙的通俗文学作品。万历间，浙江学者、藏书家胡应麟游历南北，搜访古书文物。他曾这样记述自己的访书见闻："今海内书，凡聚之地有四：燕市也，金陵也，阊阖也，临安也。闽、楚、滇、黔，则余间得其梓；秦、晋、川、洛，则余时友其人，旁诹历阅；大概非四方比矣。"又曰："凡姑苏书肆，多在阊门内外及吴县前，书多精整。然率其地梓也。"① 胡氏文中两次提到阊门，它不仅是苏州书坊集中的地方，而且还跻身全国四大聚书之地，可见当时阊门书肆规模之大，书籍销售数量品种之多，给他留下了深刻的印象。从今天所能见到的实物看，冯梦龙作品大多正是由金阊书坊刊行的。

一、金阊书业文化圈

自从吴王阖闾建城以来，阊门就一直是苏州的代表和骄傲，所以晋陆机在《吴趋行》中说："吴趋自有始，请从阊门起。阊门何峨峨？飞阁跨通波。""阊门"一词，成为苏州繁华的标志，频繁闪现在历代文人骚客咏苏州、忆苏州的诗文辞赋之中。

明代，苏州更是人文荟萃，街市繁华，景泰、成化间吴县人王锜对此有一段记述性描述：

> 吴中素号繁华……成化间，余恒三四年一入，则见其迥若异境，以至于今，愈益繁盛，闾檐辐辏，万瓦甃鳞，城隅濠股，亭馆布列，略无隙地。舆马从盖，壶觞罍盒，交驰于通衢。水巷中，光彩耀目，游山之舫，载妓之舟，鱼贯于绿波朱阁之间，丝竹讴舞与市声相杂。……至于人材辈出，尤为冠绝。作者专尚古文，书必篆隶，骎骎两汉之域，下逮唐、宋未之或先。②

① 胡应麟《少室山房笔丛》卷四"经籍会通四"，中华书局1964年版，第55、56页。

② 王锜撰、张德信点校《寓圃杂记》卷五"吴中近年之盛"，中华书局1984年版，第42页。

其中尤以阊门为最。苏州洞庭山叶氏迁居阊门南濠，筑南隐楼。李东阳《怀麓堂集》卷三十二有《南隐楼记》，记中称："若苏之为城也，称繁华之地，其最繁且华者，莫如阊门。天下之仕者、商者、旅而游者，舟楫鳞次，货贝山积，喧哄嚣笑之声，穷昼夜不绝。"①唐寅的《阊门即事》是同样意思的诗意表达："世间乐土是吴中，中有阊门更擅雄。翠袖三千楼上下，黄金百万水西东。五更市贾何曾绝？四远方言总不同。若使画师描作画，画师应道画难工。"

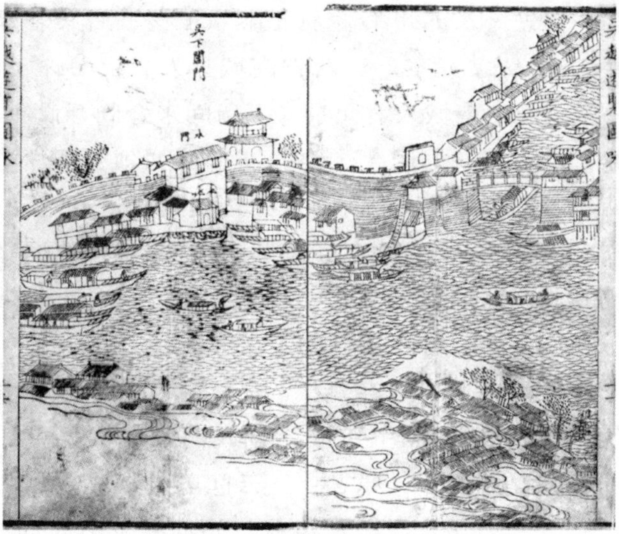

吴下阊门图

清康熙萃雅堂刊《吴越游览图咏》插图

繁华的城市，发达的商贸，培养了一个生活之余追求文化娱乐消费的庞大群体。活跃于嘉靖年间，以刊行四部典籍、讲究细校精刊的文人家刻，已不能满足商业社会世俗娱乐的需求，于是就有了万历年间苏州坊刻的闪亮登场，在商贾云集的金阊地区形成一个颇具规模的书业文化区。

明代苏州刻书确实驰名于世。而苏州刻书的盛名，除了文人家刻精品如唐诗选集的打造以外，以小说戏曲为主打的金阊书业也着实起到了红花绿叶之助。

---

① 李东阳撰、钱振民校注《李东阳集》（第二册），岳麓书社1985年版，第168页。

1993 年，杜信孚、杜永康汇辑明代苏州刻书史料，共著录书坊 41 家刻书 91 种，其中吴县书林 22 家刻书 61 种，金阊书林 18 家刻书 28 种，长洲书坊 1 家刻书 2 种。① 2001 年，杜信孚、杜同书复辑《全明分省分县刻书考》，其中所辑苏州书坊及其所刻书，较 1993 年的数字有成倍的增长。于苏州共辑录书坊 167 家刻书 296 种，其中苏州 111 家 180 种，吴县 39 家 91 种，长洲 17 家 25 种，而金阊书坊则散见于苏州及吴县之中，共计 60 家刻书 100 种。② 其中有两家著录重复：其一，先著录苏州书林翁元泰霏玉楼，后又著录吴县书林翁少麓，并注曰："字元泰，江西省南城县人。设书林于吴县。"按两坊实为一家。江西南城人翁元泰，万历间来金阊开设霏玉楼书坊。元泰字少麓，以字行。据记载，他的霏玉楼刊刻了不少书籍，计有钱允治等编《类选笺释草堂诗余》《类选笺释续选草堂诗余》，杨慎辑《嘉乐斋三苏文范》，王世贞《正续名世文宗》，沈周《石田先生文集》等。其二，并列著录苏州书林龚绍山、吴县书林龚少山，并在龚少山所刊《新镌陈眉公先生批评春秋列国志传》十二卷下注曰："与绍山岂同一人欤，录之存疑。"按王重民《中国善本书提要》"子部小说类"著录北京图书馆藏《新镌陈眉公先生批评春秋列国志传》十二卷，提要称："原题：'云间陈继儒重校，古吴朱篁参阅。'卷末题云：'万历岁次乙卯孟秋日姑苏龚少山梓行，平江顾述父书。'书者当为书每卷后之总批也。按龚氏于是书凡两刻：一为十行，一为十一行，此十一行本也。"③ 检日本内阁文库藏此书正是十行本，其卷一、卷二首页卷目下即题"云间陈继儒重校，姑苏龚绍山梓行"，卷四则题"云间陈继儒重校，古吴朱篁参阅"。故知二者确系同一人。这样苏州书坊总数当为 165 家。

这是我们目前见到有关明代苏州书坊最丰富的目录，但犹可补充。近二十年来，随着新史料的公布，原藏于世界各国的中国珍本古小说的影印，有关金阊书林的资料时有发现。新资料包括两方面，

---

① 江澄波、杜信孚等《江苏刻书》，江苏人民出版社 1993 年版，第 97 – 107 页。

② 杜信孚、杜同书《全明分省分县刻书考》（第二册），线装书局 2001 年版，第 23 – 34 页。

③ 王重民《中国善本书提要》，上海古籍出版社 1983 年版，第 402 页。

一是新知书坊，一是新见已知书坊所刻图书。新知书坊：

（1）金阊黄百行。崇祯九年（1636）刻明吴继仕、吴应箕《四书引经节解图考》十七卷，内封题“吴次尾、吴公信两先生纂辑　四书图考　金阊黄百行梓”。日本内阁文库藏本。

（2）金阊徐参微。明末刻明张溥著《春秋三书》。日本内阁文库藏本。

（3）金阊舒瀛溪。明崇祯间刻本《纲鉴统一》三十九卷，其内封署：“冯犹龙先生手授，黄石斋（道周）先生鉴定，金阊舒瀛溪梓行。”在卷首“新刻《纲鉴统一》同参辑姓氏”标目下，注有“舒世泰瀛溪甫督梓　龙游人”一行。北京大学藏本。

《春秋三书》书影

（明末金阊徐参微刻本）

新见已知书坊所刻图书：

（1）金阊安少云。刻明凌濛初辑《圣门传诗嫡冢》十七卷，并在内封注明将嗣刻《子贡传》《子夏序》《申公说》《毛氏传》《郑氏笺》《人物考》。按，安少云系苏州金阊人，尚友堂即其刻书坊。

（2）金阊麟瑞堂。明末刻《重订七十二家楚辞评林》，卷首有明成化十一年（1475）何乔新序。

此外，杜氏《刻书考》中，归入吴县书林中的叶敬池、宝翰楼、叶昆池能远居等，其刻书牌记，都冠以域名“金阊”，而归入苏州书林的陈龙山酉酉堂，其地址亦在金阊，故皆当为金阊书坊。

明胡应麟曾多次到苏州阊门访书会友，他有关苏州书肆“多在阊门内外及吴县前，书多精整。然率其地梓也”的记述应是当时所见。明代苏州郡城东西大致以护龙街为界，其东为长洲县，其西则属吴县。而吴县前，据民国《吴县志》卷首《吴县城区图》所示，就在慕家花园与古吴路之间，其西毗邻金阊地区。故可以将胡应麟所记苏州书肆集中区域统一称为“金阊书业文化圈”。

金阊书业的刻书和销售范围较广，几乎涉及经史子集各类。如宋周密的《癸辛杂识》，元明以来仅有抄本流传。明商维濬刻入丛书《稗海》，既误植《齐东野语》的文字，又缺失大半内容。后乌程藏书家闵元衢在苏州金阊小肆中购得足抄本，借于毛晋刻入《津逮秘书》，俾全书得以流传。此外，金阊书坊似有家族经营的特点。根据现有史料，如叶氏有叶敬池、叶敬溪、叶启元玉夏斋、叶昆池能远居、叶瑶池天葆堂、金阊书林叶瞻泉、叶华生等，陈氏有陈龙山西酉堂、陈勋吾嘉会堂、陈长卿、陈仁锡等，其他有金阊舒瀛溪、金阊舒载阳等。

金阊书坊刻书，注意用识语的形式来说明与众不同的特点，为自己的出版物做广告。金阊嘉会堂刻《北宋三遂平妖传》，有识语云："旧刻罗贯中《三遂平妖传》二十卷，原起不明，非全书也。墨憨斋主人（冯梦龙）曾于长安复购得数回，残缺难读。乃手自编纂，共四十卷，首尾成文，始称完璧。题曰《新平妖传》，以别于旧。本坊绣梓，为世共珍。"

北京大学藏有明崇祯间阊门徐氏书室刻明艾南英选评《皇明今文定》二十四册，书有附录六条，第一条云："此刻据予十余年来藏本，增以近科，然嘉、隆以来，先辈未见全稿者尚多。近科房书藏稿，经选手漏遗者，又未及见，而海内岂无湛思坚忍不好浮名者。倘嘉惠后学，邮寄阊门徐氏书室，共成补刻，此不佞所厚祈也。"北京大学另藏阊门西酉堂刻明陈仁锡评选《明文奇赏》四十卷，卷端有为续集征文启，末署："愿与征者，或封寄，或面授，须至苏州阊门，问的书坊西酉堂陈龙山，当面交付。"① 这说明当时金阊书坊业主已经具有相当明确的畅销书概念，公开向社会征稿，与作家之间存在某种互惠关系。广泛征求拥有大量社会读者的书稿，正是金阊书业能够兴起发展的重要战略措施。

从传世的苏州金阊刻本来看，玉夏斋自主编刊《玉夏斋传奇》十种，西酉堂刻陈仁锡辑《奇赏斋广文苑英华》系列五种，大观堂刻《宋三大臣汇志》，金阊映雪草堂刊《水浒全传》，龚绍山刻《镌杨升庵批点隋唐两朝志传》《陈眉公评列国志传》，叶昆池能远居刻

① 王重民《中国善本书提要》"集部·总集"，上海古籍出版社1983年版，第481页。

熊大木《玉茗堂批点南北宋传》，大来堂刻《白雪斋选定乐府吴骚合集》，拥万堂刻《唐宋八大家文抄》，古吴陈长卿刻《琵琶记》，安少云尚友堂刻《拍案惊奇》等都有名于世。但其中最为著名者，当属冯梦龙的短篇和长篇通俗小说。

二、冯梦龙与金阊书业

文学家主要通过自己的作品广泛吸引读者而赢得社会声誉，出版就是联系作家作品与读者之间不可或缺的纽带，而刻书（雕版印刷）是中国古代出版的主要形式。目前所能看到的冯梦龙作品，特别是使他赢得社会声誉的“三言”以及长篇历史演义《新平妖传》《新列国志》等，都是由苏州金阊书坊刊行的，可见冯氏与金阊书商的关系非同一般。但若想要追踪并描述冯氏与金阊书商的关系，却并非易事。柳存仁先生曾在《论小说史上的若干问题》一文中谈到过这样的情况，他说：“好几位知名的作者或出版家，他们的事迹有许多方面到今天我们还是不很清楚的。例如朱鼎臣、余象斗这些明代书坊的编辑或出版人，我们几乎是除了他们刊刻的若干种小说上面有他们的名字出现之外，关于他们的生平一点影子都没有。”① 像余象斗这样的知名出版家尚且如此，更何况金阊的书商。尽管这样，我们还是能够在冯梦龙与金阊书坊之间找到些反映他们之间关系的蛛丝马迹。

许自昌《樗斋漫录》卷六记载：万历三十七、三十八年间，李贽门生携带李贽评本《忠义水浒传》手稿来到苏州，“士人袁无涯、冯游龙等酷嗜李氏之学，奉为蓍蔡，见而爱之，相与校对再三，删削讹谬，附以余所示‘杂志’‘遗事’，精书妙刻，费凡不赀，开卷琅然，心目沁爽，即此刻也”。此刻即《李卓吾批评忠义水浒全传》一百二十回本，明万历四十年（1612）苏州吴县袁无涯书种堂刊行。

袁中道在《游居柿录》卷九中记道：万历四十二年七八月间，“袁无涯来，以新刻卓吾批点《水浒传》见遗，予病中草草视之。记万历壬辰（二十年，1592）夏中，李龙湖方居武昌朱邸，予往访

① 柳存仁《和风堂文集》（下册），上海古籍出版社 1991 年版，第 1195 页。

之，正命僧常志抄写此书，逐字批点……今日偶见此书，诸处与昔无大异，稍有增加耳。”①

沈德符《万历野获编》卷二十五“词曲·金瓶梅条”记载：“丙午遇中郎京邸，问曾有全帙否？曰第睹数卷甚奇快，今惟麻城刘涎白承禧家有全本，盖从其妻家徐文贞录得者。又三年，小修上公车，已携有其书，因与借抄挈归。吴友冯犹龙见之惊喜，怂恿书坊以重价购刻，马仲良时榷吴关，亦劝予应梓人之求，可以疗饥，予曰：‘此等书必遂有人板行，但一出则家传户到，坏人心术，他日阎罗究诘始祸，何辞置对？吾岂以刀锥博泥犁哉？’仲良大以为然，遂固箧之。未几时，而吴中悬之国门矣。”② 丙午，万历三十四年（1606），“又三年”，则到万历三十七年。故冯梦龙见到沈德符的《金瓶梅》抄本，应与见到并参与校对李评《忠义水浒传》差不多同时。文中冯梦龙“怂恿书坊以重价购刻”之语，虽未明言书坊名号，但应是冯氏熟悉的苏州书坊。令人遐想无限的是，明刻《新刻金瓶梅词话》本卷首有东吴弄珠客的跋，末署“万历丁巳（四十五年，1617）季冬东吴弄珠客漫书于金阊道中”。这里的“金阊道中”是否暗示该本由金阊书坊刊行，若是，是否就是当初冯梦龙建议购刻的书坊？这些，今天已经无法厘清。但是可以肯定的是，万历四十年前后，冯梦龙已经与苏州书商合作，编刊通俗文学类书籍。

依据上述许自昌、沈德符的两条记载，可见当时通俗小说文本的编纂和传抄都始自官宦文人，沈德符文中所述“妻家徐文贞”，乃松江华亭徐阶，官至内阁首辅。其时朝野对通俗小说的热衷，许自昌《樗斋漫录》卷六有一段很形象的描述：“其书（指《水浒传》）上自名士大夫，下至厮养隶卒，通都大郡，穷乡小邑，罔不目览耳听，口诵舌翻，与纸牌同行。”一向鄙视通俗小说的胡应麟对此也有真实的记载：“嘉、隆间一巨公，案头无他书，仅左置《南华经》，右置《水浒传》各一部。又近一名士，听人说《水浒》，作歌谓奄

---

① 袁中道著、钱伯城点校《柯雪斋集》（下册）《游居柿录》卷九，上海古籍出版社 1989 年版，第 1315 页。

② 沈德符撰、杨万里校点《万历野获编》（下册），上海古籍出版社 2012 年版，第 549 页。

有丘明、太史之长。”[①] 而在《少室山房集》卷七十五，胡氏吟有一诗，对此作了更为精彩的表述：“歌者屡召不至，汪生狂发，据高座剧谈《水浒传》。奚童弹筝佐之，四席并倾。余赋一绝赏之：‘琥珀蒲桃白玉缸，巫山红袖隔纱窗。不知谁发汪伦兴，象板牙筹说宋江。’”

就在这样的社会文化环境下，万历末，冯梦龙开始编纂通俗小说，拉开与金阊书坊合作刊行的大幕。

泰昌天启初，冯梦龙的首部增补改编的长篇讲史小说《三遂平妖传》和话本小说集《全像古今小说》由金阊天许斋刊行。前者题《天许斋批点北宋三遂平妖传》，卷首有泰昌元年长至前一日陇西张誉无咎序。后者即名闻于世的“三言”的第一部，后再版时易名《喻世明言》。扉页有书肆天许斋的告白，说：“本斋购得古今名人演义一百二十种，先以三之一为初刻。”可见冯梦龙早有计划分为三部陆续出版，每部收四十篇小说。他以绿天馆主人之名写序，说明选编这部小说集的原因：

> 大抵唐人选言，入于文心；宋人通俗，谐于里耳。天下之文心少而里耳多，则小说之资于选言者少，而资于通俗者多。试今说话人当场描写，可喜可愕，可悲可涕，可歌可舞；再欲捉刀，再欲下拜，再欲决脰，再欲捐金。怯者勇，淫者贞，薄者敦，顽钝者汗下。虽小诵《孝经》《论语》，其感人未必如是之捷且深也。噫，不通俗而能之乎？

这是冯梦龙决定投入通俗文化活动的宣言。他在序中还说：自己“家藏古今通俗小说甚富，因贾人使请，抽其可以嘉惠里耳者，凡四十种，畀为一刻”。从此，冯梦龙与书商联合，创作编纂通俗小说、戏曲作品的活动一发而不可止。这一文人与书商联姻的出版模式和作品内容，完全适应苏州，乃至整个江南市民文化生活的需要。

---

① 胡应麟《少室山房笔丛》卷四十一“辛部·庄岳委谈下”，中华书局1964年版，第572页。

明天启四年（1624），冯梦龙纂辑的白话短篇小说集系列“三言”的第二部《警世通言》由金陵兼善堂刊行，另有苏州三桂堂王振华覆刊本。是书收录宋、元、明时期话本和拟话本四十篇，从多个角度呈现出生活中的社会百态和人物命运，字里行间，多寓警世劝俗之意，故名。其中如《李谪仙醉草吓蛮书》《苏知县罗衫再合》《三现身包龙图断冤》《唐解元一笑姻缘》《白娘子永镇雷峰塔》《杜十娘怒沉百宝箱》等故事长期流传，并被多次改编为影视作品，传播日广。

天启七年（1627），“三言”系列的最后一部《醒世恒言》由金阊叶敬池刊行，稍后金阊叶敬溪重印。冯梦龙在该书的序中，对“三言”的命名及其意义作了简单明了的解释：“六经国史而外，凡著述皆小说也。而尚理或病于艰深，修词或伤于藻绘，则不足以触里耳而振恒心。此《醒世恒言》四十种所以断《明言》《通言》而刻也。明者取其可以导愚；通者，取其可以适俗也；恒则习之而不厌，传之而可久。三刻殊名，其义一耳。”此年，冯梦龙五十四岁。

《醒世恒言》内封

（日本内阁文库藏本）

崇祯三年（1630），冯梦龙补上岁贡，次年出任丹徒训导，七年（1634）改任福建寿宁知县，直至十一年（1638）卸任。在冯氏宦游时期，天许斋遭遇火灾，所刻《平妖传》板毁。崇祯间由金阊嘉会堂重刻，封面题“墨憨斋手校新平妖传”，“金阊嘉会堂梓行”。首冠张无咎序，称：“书已传于泰昌改元之年。子犹宦游，板毁于火。余重订旧叙而刻之。”未署年月。明末以来，有多种《新平妖传》行世，题名各异，然皆出自金阊嘉会堂本。

《古今小说》的书板同样遭受损毁，改由吴县书林衍庆堂增补重刻。今传衍庆堂《喻世名言》内封题识称：“绿天馆主人初刻《古今小说》四十种……今板归本坊，重加校定，刊误补缺，题曰《喻世明言》，取其明白显易，可以开口人心相劝于善，未必非此道之一助也。”而在衍庆堂所刊《醒世恒言》的内封有题识称：“本坊重价购求古今通俗演义一百二十种，初刻为《喻世明言》，二刻为《警世通言》，海内均奉为邺架珍玩矣。兹三刻为《醒世恒言》，种种典实，事事奇观，总取木铎醒世之意，并前刻共成完璧云。”说明衍庆堂先后购得“三言”旧版，重刊行世。

崇祯间，金阊叶敬池刊行冯梦龙订补的《新列国志》，其刻书识语云：“墨憨斋向纂《新平妖传》及《明言》《通言》《恒言》诸刻，脍炙人口。今复订补二书（《列国》《两汉》）。本坊恳请先镌《列国》，次当及《两汉》。与凡刻迥别，识者辨之。”今叶敬池刊《两汉志传》未见。

冯梦龙纂集的其他作品，也先后由金阊书坊刊行，已知如泰昌元年（1602）苏州开美堂刊《麟经指月》，天启间叶昆池能远居刻《古今谭概》《春秋衡库》，天启六年（1626）沈飞仲刊《太平广记钞》，崇祯间金阊舒瀛溪刊《纲鉴统一》等。《太平广记钞》有冯梦龙撰《小引》，称：“沈飞仲力学好古之士，得予所评纂，爱而刻之，亦迥乎与俗不谋矣。”检明陈仁锡评选《明文奇赏》卷四十末有题“古吴沈国元飞仲甫校正”一行。同书卷首征文启末署“吴门后学沈国元顿首”。又北京大学图书馆藏明刻本《皇明资治通鉴纪》原题有“庠生沈国元校正”。从中可知沈飞仲系苏州人，名国元，曾是吴县县学的生员。《明文奇赏》有陈仁锡天启三年（1623）自序，陈龙山酉酉堂刊本。沈国元在征文启事上署名，估计其在酉酉堂不仅职司校正，可能还是业务主管。考沈国元承刻《太平广记钞》仅在征文后三年，或许他还是代表酉酉堂的。

冯梦龙这么多作品由苏州书坊刊行，说明这些作品具有巨大的阅读市场，苏州书商自然是近水楼台先得月，同时也是冯梦龙与金阊书商交往密切、相互了解的体现。无疑，冯梦龙收藏、创作、搜集整理通俗文化作品的活动，是经济繁华中江南士人追求思想、生命、情感自由思潮的有力见证和杰出实践，也为苏州金阊书业文化的发展做出了重要贡献。

除了金阊书坊刊行的部分，冯梦龙所编书籍还有相当一部分没有刊刻者信息。于是就有一个问题：这些书籍是否为冯梦龙墨憨斋自刊？特别是冯梦龙的《墨憨斋定本传奇》。

三、墨憨斋定本传奇

《古本戏曲丛刊》二集收录《梦磊记》《酒家佣》《洒雪堂》《精忠旗》《双雄记》《万事足》等多种墨憨斋定本传奇，皆著录为“影印长乐郑氏藏明墨憨斋刊本”。长乐郑氏即我国著名藏书家郑振铎。

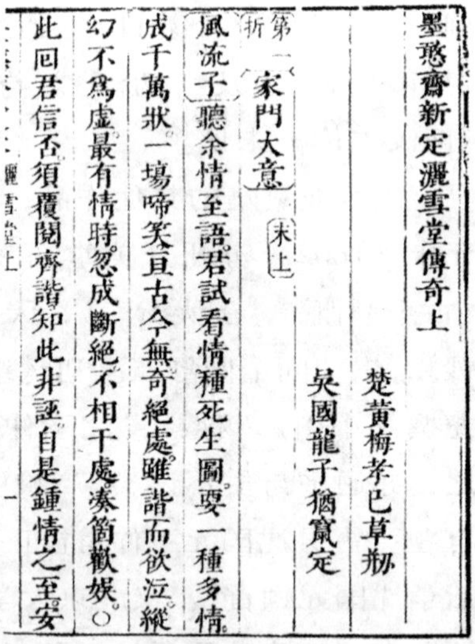
墨憨齋新定灑雪堂傳奇上
楚黄梅孝巳草剏
吳國龍子猶竄定
第一折 家門大意 末上
風流子 聽余情至語。君試看情種死生圖。要一種多情
成千萬狀。一場啼笑。亘古今無奇絕處。雖諧而欲泣。縱
幻不為虛。最有情時。忽成斷絕。不相干處。湊箇歡娛。
此回君信否。須覆閱齊諧。知此非誣。自是鍾情之至。安
灑雪堂上

《洒雪堂传奇》书影

（《古本戏曲丛刊》二集本）

《北京图书馆古籍善本书目》“集部曲类”著录墨憨斋新曲两种：（1）《墨憨斋新曲四种》八卷，明末刻本，四册，八行二十一字小字双行同，白口左右双边。子目：《墨憨斋重定三会亲风流梦》二卷，《墨憨斋重定邯郸梦传奇》二卷，《墨憨斋重定双雄传奇》二卷，《墨憨斋订定万事足传奇》二卷。（2）《墨憨斋新曲十种》二十卷，明末刻乾隆五十七年重修本，十册，八行二十一字小字双行同，白口左右双边。子目：《墨憨斋新灌园传奇》二卷，《墨憨斋详定酒家佣传奇》二卷，《墨憨斋重定女丈夫》二卷，《墨憨斋重定量江记》二卷，《墨憨斋新订精忠旗传奇》二卷，《墨憨斋重定双雄传奇》二卷，《墨憨斋订定万事足传奇》二卷，《墨憨斋重定梦磊记传奇》二卷，《墨憨斋新定洒雪堂传奇》二卷，《墨憨斋重定西楼楚江情传奇》二卷。其中《双雄记》《万事足》两种为冯梦龙所撰，分别为两种新曲本重复著录。同时该部类还著录四种零本：《墨憨斋重定三会亲风流梦》二卷，《墨憨斋新定洒雪堂传奇》二卷，《墨憨斋详定酒家佣传奇》二卷，《墨憨斋重订永团圆传奇》二卷，均为明末刻本，惟《洒雪堂传奇》著录为明末蒸文馆刻本，而行款则皆与上述两种新曲本同。

1958年，郑振铎先生殉难后，藏书全部捐赠北京图书馆，1955年《古本戏曲丛刊》二集影印的墨憨斋定本传奇当亦在其中。这些影印本的版式行款正与《北京图书馆古籍善本书目》著录的完全一致。然《北京图书馆古籍善本书目》皆著录为明末刻本，而非墨憨斋刊本。

其实，著录明末刻本是从刊刻时间做出的判断，而说墨憨斋刊本是从刊刻者的角度做出的界定，两者并无矛盾。不过，界定为墨憨斋刊本，不是说墨憨斋具有书坊的性质，而是墨憨斋委托书坊定制刊行，类似家刻的性质。

由于缺乏起码的文献记载，虽经几代学者的多方努力，仍无法清晰勾勒古代书坊一般的经营规模、运作方式、操作程序等方面的概貌。这就给我们区分坊刻本与家刻本带来界限不清的问题，尤其是坊主们都喜欢取用书林、书籍铺，或某某堂、某某斋、某某楼等与家刻相仿的文雅名号。所以，自叶德辉始，在有关版本学、印刷史的著作中，经常可见某书在坊刻抑或家刻的归属上出现你是我非的现象。

通过对已经掌握的大量相关史料的考察分析，并比照官刻、家刻的性质和特点，我们认为民间书坊应该具有三个方面的特点。其一，刻印书籍，完全视社会需求而动。综观现存历代坊刻本，以科举程式之书为多，而科举之书正是宋以来历代社会需求量巨大的图书品种。其二，刻书作为主要的经营活动，形成一定规模，这种规模主要体现在经营时间的持续性、刻书品种的丰富、拥有相对稳定的工匠等方面。其三，接受委托雕印的加工业务。书坊作为一个常年经营的手工业工场，一般具有固定的场地和工匠，为维持正常的经营和盈利，除自己策划编刊书籍以外，也经常接受委托雕印业务。

比照这些情况，金阊书坊中比较著名者都大致符合。而从冯梦龙的生平经历来看，他没有条件自设书坊，墨憨斋只是他的书斋，是他编纂、改编通俗文学作品的场所。从今存十余种墨憨斋定本传奇来看，其版式行款与同期传奇刻本不同，可见经冯梦龙精心设计，以别于其他传奇刻本，体现墨憨斋刊本的特点。

墨憨斋定本传奇这种刊行方式，在明末十分普遍。如江阴李鹗翀所辑丛书《藏说小萃》有万历三十四年（1606）刻本，其目录后有题注“龙飞万历柔兆敦牂岁重光单阏月赤岸李氏铨于前书楼付金阊梓人镌行”二行。说明其书委托金阊书坊刊刻，而此书《中国丛书综录》著录为“明万历三十四年李铨前书楼刊本”。前书楼系李铨室名。冯梦龙好友袁于令有书斋名剑啸阁，他的《剑啸阁自订西楼梦传奇》，由旌德郭卓然刻板。其运作方式应与墨憨斋定本传奇的刊行是相同的，只是墨憨斋刊本未著刻工姓氏。冯氏的其他著述，如明万历四十八年（1620）冯梦龙自序于墨憨斋的《古今笑》，明天启七年（1627）刊行的《太霞新奏》，以及早期以“借男女之真情，发名教之伪药”为目的搜集整理的民歌集《挂枝儿》《山歌》，其刊行方式，似亦可作如是观。

由于资料匮乏，冯梦龙与金阊书商的关系还有诸多问题说不清，真正是“剪不断，理还乱”。但是，就是这种你中有我，我中有你的无间合作，才最终把“三言”送进中国古代小说史的艺术殿堂。

清代文人屡讥像冯梦龙这样作文编书以获利的所作所为“形同商贾”，其实这正是冯梦龙作为不耕不宦的文人，在商品经济日渐发达、以射利为目的的书商日增的时代，所选准的一种处世形态和方式。而其时书商与文人的合作，早已成为出版业经营的趋势，各种科举用书、名家选本、通俗戏曲小说读物等畅销书籍，就是这种合作的产物。当然，这种合作在某些时候可能演变成书商欺世盗名的把戏，随手拈个名人来当编纂者，名气越响，则荣膺此种挂名的机会越多。冯梦龙也常被书商借名牟利。然而，这是另外一个问题。

（作者为苏州大学文学院教授）

冯梦龙改本《风流梦》与汤显祖《牡丹亭》之比较

邹自振

汤显祖的“临川四梦”，特别是其中的《牡丹亭》，以深邃的思想光辉和感人心扉的艺术力量，在明清两代独占鳌头。但是，为了把它搬上戏曲舞台，需要经过不断改编，使之更适合舞台演出的实际。汤显祖在世时，就有吴江派剧作家沈璟的改本《同梦记》，汤显祖逝世后，又有晚明臧懋循改本《还魂记》、徐肃颖改本《丹青记》、冯梦龙改本《风流梦》、硕园改本《还魂记》等。即使到了清代，戏曲音乐家叶堂在《纳书楹曲谱》中用“改调就辞”的方法为汤显祖原作谱曲以后，昆曲舞台上演出的本子，也是有所增删的。因而，研究《牡丹亭》的改编本，对全面认识汤显祖及其戏曲有着重要的意义。本文试对冯梦龙改本《风流梦》与汤显祖原本《牡丹亭》进行比较，就教于方家。

冯梦龙改本今存明崇祯间墨憨斋刊本，《古本戏曲丛刊初集》据之影印，题《墨憨斋重定三会亲风流梦》，署“临川玉茗堂创稿”，“古吴龙子犹更定”。冯氏自云：“梅柳一段因缘，全在互梦，故沈伯英题曰《合梦》，而余则题为《风流梦》云。”① 冯梦龙在《风流梦小引》中引述了王思任《批点玉茗堂牡丹亭词叙》，该叙原署“天启癸亥”（1623），则冯改本时间当在其后。

冯梦龙选取《牡丹亭》作为改订的对象，有其不可忽视的因素。在中晚明启蒙思潮的冲击下，如果说汤显祖高举“至情”的旗帜，

---

① 冯梦龙《风流梦小引》，《墨憨斋重定三会亲风流梦》，《古本戏曲丛刊初集》影印明墨憨斋刊本。

冯梦龙则鼓吹“情教”，为汤显祖推波助澜。他在《情史》中自称“情史氏”“情主人”，宣称“六经皆以情教也”[①]，并认为“无情而人，宁有情而鬼”，无不是汤氏“至情”论的继承与发展。在创作上，冯梦龙认为“曲以悦情达性”，“本于自然”[②]，而要做到此，就必须“情真”。他说：“谁将情咏传情人，情到真时事亦真。”[③] 这与汤显祖《牡丹亭题词》的精神可谓一脉相通。

冯梦龙的生活年代比汤显祖晚了二十多年，无论是社会还是剧坛都发生了很大的变化。社会经济的资本主义萌芽陷入僵化，个性解放的思潮逐渐沦落为淫侈之风。文人兼出版家的身份使冯梦龙明显带有市井和俚俗的倾向。冯梦龙科举不利，仕途蹭蹬，却在文学和出版领域享有盛名。在晚明曲律和辞采的论争中，冯梦龙的创作可归入“协律修辞，并臻美善”[④] 一类，他所编刊的“三言”和《挂枝儿》《太霞新奏》等都是晚明通俗文学不可或缺的名著。当时的剧坛，虽已经过了万历时期的高峰，但传奇创作仍延续了良好的势头。继沈璟《增订南九宫曲谱》刊行后，传奇音乐体制由杂乱趋向规整，由宽泛趋向严谨，“俚儒之稍通音律者，伶人之稍习文墨者，动辄编一传奇，自谓得沈吏部九宫正音之秘”[⑤]。但事实上，徒逞才情，不顾音律的“案头”创作倾向仍余风不泯。冯梦龙曾批评说：“饾饤自矜其设色，齐东妄附于当行。乃若配调安腔，选声酌韵，或略焉而弗论，或涉焉而未通。”[⑥] 有些剧作戏剧性与舞台性增强，却又刻意于结构雕琢、逐奇尚巧。晚明文学大家张岱对此批评说：“传奇至今日怪幻极矣！生甫登场，即思易姓；旦方出色，便

① 冯梦龙《情史》，岳麓书社1986年版，詹詹外史序。

② 冯梦龙《风流梦小引》，《墨憨斋重定三会亲风流梦》，《古本戏曲丛刊初集》影印明墨憨斋刊本。

③ 《墨憨斋新定洒雪堂传奇》终场诗，《冯梦龙全集》影印本，上海古籍书出版社1993年版。

④ 吴梅《中国戏曲概论》，《吴梅全集》（理论卷），河北教育出版社2002年版，第280页。

⑤ 沈德符《顾曲杂言》，《中国古典戏曲论著集成》（四），中国戏剧出版社1959年版，第206页。

⑥ 冯梦龙《曲律叙》，《中国古典戏曲论著集成》（四），中国戏剧出版社1959年版，第47页。

要改妆。兼以非想非因，无头无绪，只求闹热，不论根由，但要出奇，不顾文理。”①

因此，一批音律专家继续瓣香沈璟，张大格律，致力于昆腔格律体系的建设，以解决“案头”和“场上”的矛盾。同时，一批曲论家们则致力于深入探索昆腔传奇独特的文体特征，从曲本位迈向剧本位，以创作论兼及演出论，以促进传奇文体的成熟。冯梦龙则双肩挑起，在《墨憨斋定本传奇》《太霞新奏》《墨憨斋词谱》等编著中以序、跋、批、评的形式，展示了自己独特的观点，冯改本《风流梦》正是这一理论的具体实践。

冯梦龙《风流梦小引》云：

> 若士先生千古逸才，所著“四梦”，《牡丹亭》最胜。王季重叙云：“笑者真笑，笑即有声；啼者真啼，啼即有泪；叹者真叹，叹即有气。丽娘之妖，梦梅之痴，老夫人之软，杜安抚之古执，陈最良之腐，春香之贼牢，无不从筋节窍髓，以探其七情生动之微。”此数语，直为本传点睛。独其填词不用韵，不按律，即若士亦云：“吾不顾捩尽天下人嗓子。”夫曲以悦性达情，其抑扬清浊，音律本于自然。若士亦岂真以捩嗓为奇？盖求其所以不捩嗓者而未遑讨，强半为才情所役耳。识者以为此案头之书，非当场之谱，欲付当场敷演，即欲不稍加窜改而不可得也。若士见改窜者，辄失笑，其诗曰：“醉汉琼筵风味殊，通仙铁笛海云孤。总饶割就时人景，却愧王维旧雪图。”若士既自护其前，而世之盲于音者，又代为若士护之，遂谓才人之笔，一字不可移动，是慕西子之极，而并为讳其不洁，何如浣濯以全其国色之为愈乎？余虽不佞甚，然于此道，窃闻其略，僭删改以便当场，即不敢云若士之功臣，或不堕音律中之金刚禅云尔。梅柳一段因缘，全在互梦，故沈伯英题曰《合梦》，而余则题为《风流梦》云。

① 张岱《琅嬛文集》卷三，岳麓书社1985年版，第143页。

冯梦龙在此肯定了《牡丹亭》在体贴人情、塑造形象方面的成就，提出了汤氏在音律谐叶、场上敷演等方面的种种不足，并指出全剧的主脑“全在互梦”。观点所及，无疑涵盖了戏剧创作论和演出论。自然，冯氏的删改也是由此进行的。

首先，在结构上，减头绪，密针线。

作为叙事性文学的一种体裁，情节结构是戏曲文学的主要构成因素。而明中后期文人传奇作品“关目散缓，无筋无骨”① 已成为通病。祁彪佳《远山堂曲品》云：“作南传奇者，构局为难，曲白次之。”② 凌濛初《谭曲杂札》中云：“戏曲搭架，亦是要事，不妥则全传可憎矣。”③ 冯梦龙的删改首先也着眼于此。

一曰减头绪。

李渔云：“头绪繁多，传奇之大病也。”④ 吕天成《曲品》评梁辰鱼《浣纱记》云：“第恨不能谨严，中有可减处，当一删耳。”⑤ 冯梦龙《永团圆叙》也云：“余改窜，独于此篇最多，……然余犹嫌兰芳投江后，凡三折而始归高公，头绪太繁。”为了加强主题、去芜存精，冯梦龙对《牡丹亭》进行两方面的工作。一是删并出目。共计删去了13折，即《劝农》《慈戒》《虏谍》《忆女》《缮备》《诇药》《淮警》《如杭》《仆侦》《移镇》《淮泊》《榜下》《闻喜》；合并了6折，即《言怀》《怅眺》并为《二友言怀》，《腐叹》《延师》并为《官舍延师》，《诘病》《道觋》并为《慈母祈福》，《拾画》《玩真》并为《初拾真容》，《旁疑》《欢挠》并为《石姑阻欢》，《急难》《遇母》并为《子母相逢》。于是，汤显祖原本55折被删并为37折。下将冯梦龙改本出目与汤氏原本对照如下：

---

① 徐复祚《曲论》，《中国古典戏曲论著集成》（四），中国戏剧出版社1959年版，第239页。

② 祁彪佳《远山堂曲品》，《中国古典戏曲论著集成》（六），中国戏剧出版社1959年版，第102页。

③ 凌濛初《谭曲杂札》，《中国古典戏曲论著集成》（四），中国戏剧出版社1959年版，第258页。

④ 李渔《闲情偶寄》，《中国古典戏曲论著集成》（七），中国戏剧出版社1959年版，第18页。

⑤ 吕天成《曲品》，《中国古典戏曲论著集成》（六），中国戏剧出版社1959年版，第232页。

汤显祖原本		冯梦龙改本		汤显祖原本		冯梦龙改本	
1	标目	1	家门大意	28	幽媾	21	梅庵幽媾
2	言怀	2	二友言怀（并）	29	旁疑		
3	训女	3	杜公训女	30	欢挠	22	石姑阻欢（并）
4	腐叹			31	缮备		
5	延师	4	官舍延师（并）	32	冥誓	23	设誓明心
6	怅眺			33	秘议	24	协谋发墓
7	闺塾	5	传经习字	34	诇药		
8	劝农			35	回生	25	杜女回生
9	肃苑	6	春香肃苑	36	婚走	26	夫妻合梦
10	惊梦	7	梦感春情	37	骇变	27	最良省墓
11	慈戒			38	淮警		
12	寻梦	9	丽娘寻梦	39	如杭		
13	诀谒	8	情郎印梦（并、移）	40	仆侦		
14	写真	11	绣阁传真	41	耽试	28	告考选才
15	虏谍			42	移镇		
16	诘病	12	慈母祈福（并）	43	御淮	29	杜宝移镇
17	道觋			44	急难		
18	诊祟	13	最良诊病	45	寇间	31	最良遇寇
19	牝贼	10	李全起兵（移）	46	折寇	32	围城遣间
20	闹殇	15	中秋泣夜	47	围释	33	溜金解围
		16	谋厝殇女	48	遇母	30	子母相逢（并、移）
21	谒遇	14	宝寺干谒（移）	49	淮泊		
22	旅寄	17	病客依庵	50	闹宴	34	柳生闹宴
23	冥判	18	冥判怜情	51	榜下		
24	拾画			52	索元	35	行访状元
25	忆女			53	硬拷	36	刁打东床
26	玩真	19	初拾真容（并）	54	闻喜		
27	魂游	20	魂游情感	55	圆驾	37	皇恩赐庆

如此改编调整后，显然避免了情节的烦冗枝蔓。对此窜改，冯梦龙认为：“原本如老夫人祭奠，及柳生投店等折，词非不佳，然折

数太烦，故削去，即所改窜诸曲，尽有绝妙好辞，比如取饱有限，虽龙肝凤髓，不得不为罢箸，观者幸勿以点金成铁而笑余也。”① 又原本《移镇》中有杜安抚夫妇登程、中途分离等情节，冯梦龙认为“发回家眷只消表明”，因将《御淮》改题《杜宝移镇》，相关情节则以宾白带过。二是删去不必要的人物，如小姑姑、金主完颜亮等。冯梦龙云：“凡传奇最忌支离，一贴旦而又翻小姑姑，不赘甚乎？今改春香出家，即以代小姑姑，且为认真容张本，省却葛藤几许。又李全原非正戏，借作线索，又添金主，不更赘乎？去之良是。”②

二曰密针线。

李渔认为：“凑成之工，全在针线紧密，一节偶疏，全篇之破绽出矣。每编一折，必须前顾数折，后顾数折。顾前者，欲其照映；顾后者，便于埋伏。照映、埋伏，不止照映一人，埋伏一事，凡是此剧中有名之人，关涉之事，与前此、后此所说之话，节节俱要想到。”③ 冯梦龙对此非常注意，曾称赞汤显祖《邯郸梦》“关目甚紧”，在《牡丹亭》中对生、旦之梦作了重新安排。冯梦龙认为：“两梦不约而符，所以为奇，原本生出场，便道破因梦改名，至三四折后，旦始入梦，二梦悬截，索然无味。今以改名紧随旦梦之后，方见情缘之感。《合梦》一折，全部结穴于此。”④ 于是将第二折《二友言怀》，删去柳梦梅因梦改名的情节，将其移至《梦感春情》之后的第八折《情郎印梦》，因“原稿此折，便说出梦来，似与旦梦截然为二了。今移改梦梅于旦梦之下，二梦暗合，较有关目”。与之相应，在第七折《梦感春情》中，将【山桃红】“是那处曾相见”改为“不是容易能相见”，因“原本分生旦梦为二截，生梦已在前，故此云‘是那处曾相见’，今并作一梦，改云‘不是容易能相见’，

① 冯梦龙《风流梦》评语，《墨憨斋重定三会亲风流梦》，《古本戏曲丛刊初集》影印明墨憨斋刊本。

② 冯梦龙《风流梦》评语，《墨憨斋重定三会亲风流梦》，《古本戏曲丛刊初集》影印明墨憨斋刊本。

③ 李渔《闲情偶寄》，《中国古典戏曲论著集成》（七），中国戏剧出版社1959年版，第16页。

④ 冯梦龙《风流梦》评语，《墨憨斋重定三会亲风流梦》，《古本戏曲丛刊初集》影印明墨憨斋刊本。

甚妙”。又第二十六折《夫妻合梦》在原本《婚走》基础上，增两支【江头金桂】，由柳梦梅、杜丽娘夫妻对诉梦中情缘，因“生旦姻缘，全在一梦”，又增吊场白：“我和你先因梦感，后遇魂交，如今是第三次了。”由此“叙出三会亲来，针线不漏”。类似的地方很多，又如：丽娘真容在全剧中起着埋伏情节、勾连人物的作用，原本于《写真》《闹殇》，《拾画》《玩真》《魂游》《幽媾》《欢挠》《冥誓》《硬拷》诸出都曾贯穿，冯梦龙从中又添针线。如第十一折《绣阁传真》，在结尾处借丽娘宾白点出“美人图”三字，“为后折生唤美人张本”。第二十二折《石姑阻欢》，增【忒忒令】再叙柳生玩画，因“真容叫唤，一片血诚，一遇魂交，置之不问，生无解于薄情矣，……添【忒忒令】一曲，为生补过，且借此悬挂真容，以便旦之隐身，全无痕迹”①。第二十六折《夫妻合梦》，则再提真容：

> （旦）柳郎，那轴春容可曾带来？
>
> （生）这是小娘子一段精神，小生寸步不离。（出画看介）
>
> （旦悲介）把春容玩省，凭伊媒证。（指画介）柳郎，不要怠慢了他，这是画中灵，夫夫妇妇皆因梦，死死生生只为情。

并从中逗出“三会亲”等语，针线细密。其他如《魂游情感》一折，原本作旦亡三年，冯梦龙认为：“生谒苗舜宾时，旦尚无恙也，途中一病，距投观为时几何，而荐亡一折，遂以为三年之后，迟速太不相照，今改周年较妥。”② 而前《中秋泣夜》一折曾点出丽娘忌日为“中秋”，“为《后泣》《魂游》张本”，则此折原本“供养残梅情节”，也相应改过。王骥德《曲律》卷三云：“毋令一人无着落，毋令一折不照应。”冯梦龙是做得很好的。

其次，在曲律上，谨守于法。

作为沈璟衣钵的继承者，冯梦龙在曲律上要求很是严格，主张

---

① 冯梦龙《风流梦》评语，《墨憨斋重定三会亲风流梦》，《古本戏曲丛刊初集》影印明墨憨斋刊本。

② 冯梦龙《风流梦》评语，《墨憨斋重定三会亲风流梦》，《古本戏曲丛刊初集》影印明墨憨斋刊本。

“娴于词而不复诡于律”。其《新灌园叙》云：“若夫律必叶，韵必严，以填词家法，即世俗议论不及，余宁奉之惟谨。”他早年创作的《双雄记》曾得到沈璟的指教。其《曲律叙》载：“余早岁曾以《双雄》戏笔，售知于词隐先生。先生丹头秘诀，倾怀指授。”① 此记曲文颇守格律，吕天成《曲品》谓之：“事虽卑琐，而能恪守词隐先生功令，亦持教之杰也。”冯梦龙编刊《太霞新奏》，也是按宫调选录只曲，“以调协韵严为主”②。他曾编纂过《墨憨斋词谱》，认为格律之于戏曲有不可替代的指导作用：“然自此律设，而天下始知度曲之难；天下知度曲之难，而后之芜词可以勿制，前之哇奏可以勿传。悬完谱以俟当代之真才，庶有兴者。”③ 其删订传奇的选剧原则，也是“搜戏曲中情节可观而不甚奸律者，稍为窜正”④。如此看来，冯梦龙承认《牡丹亭》原本是“不甚奸律”之作，但其改窜却是大刀阔斧的。

《牡丹亭》原本共435曲，冯改本删并至291曲，其中23曲是冯氏新增的，实际只保留了原著268曲。在268曲中，曲文未改或稍改的只有71曲，而改词改调的就有108曲。这是冯氏“恪守词隐家法”的结果，非但如此，他还详细标明每出所选的宫调、所押的韵部。其改窜是通过改宫调、改曲牌、改韵部实现的。以汤显祖原本第四十一折《耽试》（冯改本为第二十八折《告考选才》）为例：

原本《耽试》			冯改本《告考选才》		
宫调	曲牌	韵部	宫调	曲牌	韵部
商调	凤凰阁	家麻	中吕	粉蝶儿	家麻
仙吕	一封书	鱼模		驻马听	尤侯

① 冯梦龙《曲律叙》，《中国古典戏曲论著集成》（四），中国戏剧出版社1959年版，第47页。

② 冯梦龙《太霞新奏发凡》，《善本戏曲丛刊》（第五辑），影印明崇祯刻本。

③ 冯梦龙《曲律叙》，《中国古典戏曲论著集成》（四），中国戏剧出版社1959年版，第47页。

④ 冯梦龙《双雄记叙》，《冯梦龙全集》影印本，上海古籍书出版社1993年版。

原本《耽试》			冯改本《告考选才》		
宫调	曲牌	韵部	宫调	曲牌	韵部
黄钟	神仗儿	尤侯		其二	
中吕	马蹄花			其三	
	前腔			其四	
黄钟	滴溜子		黄钟	滴溜子	
	前腔			其二	

可见，在宫调的运用上，汤显祖原本用了四个宫调，转宫四次，冯改本合并为两个宫调，转宫一次。在韵部的选用上，汤显祖原本涉及三个韵部，而冯改本合并为两个韵部。

再以汤显祖原本第四十六折《折寇》（冯改本第三十二折《围城遣间》）为例：

原本《折寇》			冯改本《围城遣间》		
宫调	曲牌	韵部	宫调	曲牌	韵部
正宫	破阵子	齐微	中吕	粉蝶儿	东钟
仙吕	玉桂枝			泣颜回	
南吕	浣溪沙			石榴花	
仙吕	玉桂枝			念佛子	
				大影戏	
				两休休	
中吕	榴花泣	东钟		扑灯蛾	
	尾声			尾声	

同样，在宫调运用上，汤显祖原本用了四个宫调，转宫四次；冯改本则归入一个宫调。在韵部的选用上，原本涉及两个韵部，而冯改本一韵到底。

对照当时格律派崇尚“每出一宫，始终不敢出入”[①] 和“自引

① 范文若《花筵赚凡例》，《中国古典戏曲序跋汇编》，齐鲁书社 1989 年版，第 1365 页。

到尾，止用一韵”① 的现实，自然冯改本更接近于要求。另如，冯改本第五、三十、三十二、三十五等折将原本所用多个宫调并为一个宫调；第三、二十、二十二等折将原本三个以上宫调并为二至三个宫调；又第九折《丽娘寻梦》并寒山韵、先天韵为先天韵，第三十折《子母相逢》并齐微韵、桓欢韵、寒山韵为萧豪韵，皆属此类。

随着宫调的改换，曲牌自然要做出相应调整；随着曲牌、韵部的调整，曲文自然也要跟着改动。如汤显祖原本第四十六折《折寇》【浣溪沙】曲，属南吕宫、齐微韵，唱词是：

摆旌旗，添景致，又不是闹元宵鼓炮齐飞。忽闻的千里故人谁？教俺惊垂泪。白首相帮看俺与伊，三年一见愁眉。

冯本改为中吕宫【石榴花】，归东钟韵，唱词是：

俺则见旌旗整整戈戟与刀弓，又不是元宵节锣鼓闹轰轰。忽闻千里故人通。教我一惊一喜，迎迓欠从容。想当时受恩在府中，念芝眉、每怀清梦。从别后，抚疲民，控围城，那禁霜雪满飞蓬。

可以看出，受宫调、韵部的限制，冯本的改动幅度是较大的。相对其他改本而言，冯改本曲文最不忠于汤显祖原著，原因就在此。

最后，语言风格方面，倾向本色当行。

冯梦龙《太霞曲语》云：“词家有当行、本色二种。当行者，组织藻绘而不涉于诗赋；本色者，常谈口语而不涉于粗俗。”这与当时戏曲界推崇介于浅深、浓淡、雅俗之间的语言风格是相一致的。王骥德云：“至本色之弊，易流俚腐；文词之病，每苦太文。雅俗浅深之辨，介在微茫，又在善用才者酌之而已。”② 吕天成云：“本色

① 孙郁《天宝曲史凡例》，《中国古典戏曲序跋汇编》，齐鲁书社1989年版，第1987页。

② 王骥德《曲律》，《中国古典戏曲论著集成》（四），中国戏剧出版社1959年版，第122页。

不在摹勒家常语言，此中别有机神情趣，一毫妆点不来；若摹勒，正以蚀本色。”[1] 冯梦龙曾经批评范文若：“人言香令词佳，我不耐看，传奇曲，只明白条畅，说却事情出，便够，何必雕镂如是。”[2] 可见，冯氏所追求的是文而不深、俗而不俚的风格境界。最突出的表现便是对汤显祖原作下场诗的改动。

《牡丹亭》原本的下场诗，全用集唐诗，表现出汤显祖广博的学识和深厚的语言功力，但对于戏曲“使上而御前、下而愚民，取其一听而无不了然快意”[3] 的要求却有一定距离。臧懋循云：“凡戏，落场诗宜用成语，为谐俚耳也。”并对汤显祖原本的下场诗做了改动。冯梦龙更在此基础上进一步通俗化、成语化。如原本第四十一折《耽试》下场诗为：

（外）泽国江山入战图，曹松（净）曳裾终日盛文儒。杜甫

（外）多才自有云霄望，钱起（净）其奈边防重武夫。杜牧

冯改本《告考选才》则改为：

（小生）杏园今日已开花，（末）无奈边城动鼓笳。

（合）但愿学成文武艺，随时货与帝王家。

很显然，改本通俗浅显，更适合大众口味。另如第三十折“两叶浮萍归大海，人生何处不相逢”，第三十一折“宁为太平犬，莫作乱离人”，第三十三折“得放手时须放手，得饶人处且饶人”，等等，采用民间习语、格言，更体现了向早期南戏的一种回归。

---

① 吕天成《曲品》，《中国古典戏曲论著集成》（六），中国戏剧出版社 1959 年版，第 211 页。

② 沈自晋《南词新谱凡例》，《中国古典戏曲序跋汇编》，齐鲁书社 1989 年版，第 1365 页。

③ 凌濛初《谭曲杂札》，《中国古典戏曲论著集成》（四），中国戏剧出版社 1959 年版，第 259 页。

为了体现本色当行，冯氏还改写某些宾白。如《传经习字》一折，春香上场宾白移自原本第九折《肃苑》：

> “花面丫头十三四，春来绰约省人事。终须等着个助情花，处处相随步步觑。”俺春香，日夜跟随小姐。看他名为国色，实守家声。嫩脸娇羞，老成尊重。只因老爷延师教授，读到《毛诗》第一章：“窈窕淑女，君子好逑。”悄然废书而叹曰……

冯本删去了其中定场诗及“曰”“乎”等字句，改为：

> 俺春香自小伏侍小姐，朝暮不离，可喜小姐性格温柔，绝无嗔责。昨日没来由拜了个师父，那师父景象，好不古板。老爷又对他说，倘有不臻的所在，只打这丫头，哎哟，丫头可是与他出气的。却不是春香晦气。今日小姐要上学听讲，不知师父可曾梳洗，呀，老人家早已端端正正坐在书斋了。待报与小姐得知。

显然冯改本生动活泼，更符合丫环春香的口吻，故为后世台本所袭用。

冯改本最不同于他本之处，在于对舞台表演的重视。这体现在以下几个方面：

其一，提示演唱。冯改本将每一支曲子都点出头板（、）、腰板（└）、底板（—），令唱曲者一目了然。还在批语中多次提示演唱方法和注意事项。如第八折【九回肠】曲，注：“或于柳字下加截板，误矣。”第九折【豆叶黄】曲，注：“‘不觉的’句重唱亦可。”第十四折【三学士】曲，注：“客字下无截板。”第二十折【雁过南楼】曲，注：“‘听他’句从俗重唱亦可。”第三十二折【粉蝶儿】曲，注：“此南引，俗优作北唱，误也。”这些都示演唱者以准则，在文学本中是较少见的。

其二，提示表演。如第十五折《中秋泣夜》批曰：“人到生死之际，自非容易，况以情死者乎。叮咛宛转，备写凄凉，令人惨恻。

俗优草草演过，可恨。”是要求演员应着意表演杜丽娘生死之际的心理与情态。第二十三折《设誓明心》批曰：“此折生不怕，恐无此理，若太怕，则情又不深，多半痴呆惊讶之状，方妙。”又：“此后生更不必怕，但作恍惚之态，可也。”是要求演员应把握柳梦梅初晓杜丽娘是鬼魂时的心理，在表演时掌握分寸。又如第二十二折《石姑阻欢》宾白上批曰：“此段说白极有做，不可草草。”第三十七折《皇恩赐庆》中【南下小楼】曲上批曰：“收拾一部情节，演者勿以底板而忽之。”

其三，提示服饰、道具。如第十八折《冥判怜情》曰：“判应绿袍，但新任须加红袍，俟坐堂后，脱卸可也。”第二十四折《协谋发墓》曰：“神主动，或用细线远牵，亦妙。”第二十五折《杜女回生》曰：“旦先伏桌下，俟徐揭开卓裙，扶出。又须翠翘金凤花裙绣袄，似葬时装束，方与前照应。”

另有关于场面调度的，如第十八折《冥判怜情》中“花神引旦先下，则判好收科。原本判先下，未免冷场”等。

实际改订中，冯梦龙也充分考虑舞台因素，增强外在表现，突出舞台效果。如原本第二十六出《玩真》，柳梦梅看到杜丽娘真容题诗后，所唱一曲：

> 【集贤宾】望关山梅岭天一抹，怎知俺柳梦梅过？得傍蟾宫知怎么？待喜呵，端详停和，俺姓名儿直么费嫦娥定夺？打麽诃，敢则是梦魂中真个。

冯本将其并入《初拾真容》，并改为：

> 【集贤宾】蟾宫那里得近他，怕隔个天河。美人，美人，你有此容貌，怕没个好对头。为甚傍柳依梅寻结果？世上梅边柳边也不少，只小生叫做柳梦梅，论梅边小生也有分，论柳边小生也有分。喜偏咱梅柳停和。呀，奇怪，仔细看来，像是有些面善。惊疑未妥，似曾向何方会我。嗄，是了，我去年暮春时分，曾有个梦来，梦到一个花园梅花树下，立着个美人，向我

说，柳生，我与你有姻缘之分。美人，敢就是你么？美人，你说是也不是？休见左，敢则是梦儿中真个。待我再仔细认他一认。

可见，冯改本曲文平易浅近，带白的增饰更通俗、细致地刻画了柳梦梅的“情痴之态”（三妇评本《牡丹亭》），为舞台演出增色，冯梦龙于此眉批曰：“详观细品，以渐而痴，曲尽描神伎俩。”可谓尽得就中三昧。

从戏剧史看，汤显祖在世时的万历剧坛虽然创作蜂起，但附庸风雅、不顾演出实际的案头之作也大肆迷漫，到了冯梦龙时期，甚至“易南而南之法已坏”。剧作者或不懂艺术规律，囫囵吞枣，或疏于音律，生吞活剥，以致“作者逾乱，歌者逾轻”。如何改变这种状况，使案头创作与舞台演出相统一，正是明代中后期戏曲作家和理论家面临的课题。在这种形势下，冯梦龙能够关注场上，以所改订的剧作为舞台演出提供示范、作出指导，的确难能可贵。对此，冯梦龙本人颇为自得，他在《风流梦》剧终的落场诗中写道：

新词催泪落情肠，情种传来玉茗堂。
谁按宫商成雅奏，菰芦深处有龙郎。

然而冯改本并不是没有失误之处。例如在结构关目上，虽删去了小姑姑，却又增出一老姥姥，并未省多少事；《闹殇》一折分为《中秋泣夜》与《谋厝殇女》，虽保持了场上气氛的统一性，但后半段较汤氏原本更拖沓烦冗。曲文曲律上，虽基本做到了“不诡于律”，但文词远逊汤显祖原作。以第十折《惊梦》【绕地游】曲为例。原本是：

梦回莺啭，乱煞年光遍，人立小庭深院。炷尽沉烟，抛残绣线，恁今春关情似去年。

冯本改为：

花娇柳颤，乱煞年光遍。逗芳心小庭深院。莺啼梦转，向栏杆立倦。恁今春关情似去年。

显然改作远不如原作空灵流宕，且“逗芳心”语带轻薄，非丽娘所宜。另《杜公训女》折【奉时春】让丽娘唱出了“女效儿规，亲兼师矩，遥闻庭训忙移步”的句子，头巾气太浓，也不如原作之“娇莺欲语，眼见春如许。寸草心，怎报的春光一二”，更合深闺少女口吻。宾白科介方面，冯梦龙向通俗的努力虽然取得了一定的效果，但《杜公训女》一折让杜丽娘说出“世上万般皆下品，思量惟有读书高”的下场诗，未免不妥。在科诨的取舍上，虽删去了《道觋》《诇药》等恶诨，但仍保留了《诊祟》《闹殇》《围释》等折中不健康的诨语，品位也不高。从演出考虑，冯梦龙于《春香肃苑》一折增添花郎历数园中景致一段韵白，有受话本小说影响的痕迹，此形式后被《集成曲谱》所吸收，但并未采用，舞台上也并未见上演过，可见并不成功。另对原著中“重瞳有眼苍天瞎”“看宝易，看文难”伤时语的删除，可以看出改编者在愤世嫉俗上软弱的一面，令人遗憾。

但总的看来，冯梦龙删除了枝蔓烦冗的关目，使全剧情节更集中，主题更突出。所添改的曲文、宾白，也不乏适合搬演的精彩之处。后世冯改本的全本演出虽未曾见，但如今活跃在舞台上的《牡丹亭》折子戏对冯改本多有吸纳，如《春香闹学》移入《肃苑》之【一江风】，《堆花》增入冯梦龙所改【五般宜】，《冥判》由原本先曲后白改为先白后曲，《拾画叫画》采用冯改本中【二郎神】【集贤宾】【簇御林】曲白等，这些足以证明，冯改本的确有其独特的魅力所在。

（作者为福建省闽江学院中文系教授）

文本今读

冯梦龙“主情论”及其审美观照

胡单芳

一、“主情论”产生的背景

冯梦龙文学审美观的形成，不但与明代的社会文化背景相关，也与其个人的成长经历密切相关。

（一）明代尊情适性思潮

“情”是中国思想家普遍关注的命题。文学的情感特性，早在孔子那里就被发现，他所认同的兴、观、群、怨，正是对诗歌情感的阐释。其后，历代文人和理论家对“情”都有自己的解释和定位。到了明代，尤其是晚明，伴随市民社会的崛起，出现了一股前所未有的尊情潮流，这股思潮不仅盛行于思想领域，还蔓延到文学、艺术等各个方面。

明代新的经济生产关系的出现，引发了社会思想的许多变化。针对程朱理学禁锢个人的情感欲望，一些觉醒的人们越来越强化对自我个体的关注，并且积极地为个人的情感、欲望寻找合理的解释。由此，明代的思想家找到了“情”，开始从“情”的角度，对世俗欲望的诉求做出理论支撑。

明朝的尊情思潮，最先萌发于王阳明的心学思想。王阳明将“情”的内涵极端化，试图沟通“情”与“理”。随后，文艺思想家不断地对“情”的内涵进行补充、修正，追求情的普遍意义。在李贽看来，“情”与程朱理学是完全对立的，他痛陈程朱理学的虚伪，从人性、人情、人欲的价值出发，推动了尊情思潮的发展。到戏曲理论家和创作家汤显祖时，尊情思潮进一步高涨，他在文学中极力彰显情感的伟大力量，倡导以情抗理，以为“情”可以超越生死，他的情学观对冯梦龙影响颇深。

冯梦龙继承了晚明以来的尊情理念，又做了进一步深化，使其更加完整、系统。可以说，冯梦龙是晚明尊情思想的集大成者。他既承认情感的普遍性，又进一步使其完善并理论化，将情感由男女之情、人伦之情发展为万物有情，强调“情”作为万物之源的本体地位。另外，冯梦龙既承认情感的文学功用，又认识到情感的复杂性和多变性。他不仅尊情，还倡导情教，建立了一套完整的情教理论体系，对情感的内涵、地位、作用、分类等都有详细说明和解释。

（二）经世致用与情理谐调

冯梦龙，生于明万历二年（1574）春，卒于清顺治三年（1646）。根据王仁孝的《俟后篇》、冯梦龙的《麟经指月》、曹溶的《明画录》、董斯张的《吹景集》、沈自晋的《南词新谱》及辑者不可考的《苏州诗钞》，大致可以清楚，“冯氏父亲与以孝子、大儒旌于吴下的王仁孝交契”①。冯梦龙家还与嘉定世代为官的侯峒曾家，结有通家之谊。根据《醒世恒言》序言末尾的印章，可推知，冯家也是仕宦之家。

冯梦龙出身“理学名家”，从小研读理学和儒家经典，受过系统的儒家教育。对于儒家传统的道德伦理和程朱理学，冯梦龙是有区分的。他认同传统道德伦理的教化价值，重视理性的实学精神，推崇理性智慧的认知能力，这些是他在理学世家耳濡目染所形成的根深蒂固的观念。而程朱理学灭人欲的“理”，在当时社会尊情思潮的影响下，则很快被冯梦龙所剔除。当然，冯梦龙并不是从根本上否定“理”的教化功用，甚至非常认可和推崇“理”的教化功用。不过他认同的“理”，不是无情的“理”和灭绝人性的“理”，而是合乎人性和人情的“理”，富有智慧的“理”。

明代后期，冯梦龙是尊情思潮的重要代表人物，他以情来观照万物，审视社会。冯梦龙认为，晚明社会种种不合规范和秩序的行为，如日渐衰落的世俗风气、膨胀的私欲、人情淡薄等，都是社会无情所引起的。他由此积极肯定“情”的作用和力量，以情为手段

① 陆树仑《冯梦龙散论》，上海古籍出版社1993年版，第7页。

进行社会教化。他还试图调适“情”与“理”的关系，用情来维护理，试图消除晚明社会因僵化的理教、纵欲的尊情思潮所带来的各种弊端，建立起一个有情的世界，从而肩负起身为中国传统文人的固有的社会责任和使命。

受家世影响，冯梦龙自小就有济世情怀。这种情怀在科举仕途上没有得到纾解，他转而将其放在了自己的通俗文学创作中。冯梦龙认为，通俗文学浅显易懂、明白晓畅，为普通大众所喜闻乐见，借此能够更深刻更全面地作用于世道人心，因此，冯梦龙将通俗文学视为经史教化之外的重要辅助。他在从事俗文学的实践活动中，钟情于“从俗谈”，最大限度地适俗，以期发挥最大效用。此外，作为编辑出版家，冯梦龙也需要遵从“从俗谈”的审美原则，他的文学作品才能获得畅销和好评，从而最大限度地占据消费市场，赢得高额利润。

（三）个人的情感经历

受时代风气影响，冯梦龙认同并接受狎妓、纳妾的风气，甚至视同性之恋为风流韵事。但冯梦龙的狎妓不同于一般文人，他倾注了自身的真情真意，是一个痴于情、钟于情的“情种子”。他与民间市井百姓、商人、妓女等交往，不是玩世不恭，而是真情实意的。这种真情，在他与妓女的交往中最为明显。

冯梦龙和当时有名的妓女冯喜生的真挚感情，在《挂枝儿》的评语和《情史》冯喜生传记中都能找到佐证。《挂枝儿·送别》就采自冯喜生，冯梦龙在评语中明确地说冯喜生“善谐谑，与余称好友”①。冯喜生也视冯梦龙为好友，交往甚密，在她从良的前一夜，还与冯梦龙夜半话别，并助其采录吴歌。冯喜生死后，冯梦龙为纪念她，还特写了一篇传记——《情史·情憾类·冯爱生》，在传记的尾批中还提及了他出钱给冯爱生下葬等事迹。

侯慧卿身上则更寄托了冯梦龙的爱情理想。冯梦龙与名妓侯慧卿有一段白首之约，他欣赏侯慧卿的才智和美色，因她而流连于青楼。在与侯慧卿的爱情梦破碎后，他仍难以忘怀，写下了很多的诗

---

① 高洪钧《冯梦龙集笺注》，天津古籍出版社2006年版，第246页。

词追忆恋人侯慧卿。侯慧卿别嫁死后，冯梦龙仍不能忘情，甚至为免触景伤情，自此永绝青楼之好。可见冯梦龙对侯慧卿用情之专，用情之深。冯梦龙个人的情感经历，对他“主情论”思想的形成无疑产生了极其重要的作用。

二、“主情论”的审美内涵

冯梦龙所倡导的“主情论”，以情为线索，涉及生命、欲求、同情、关爱、感化等内容。它以情教为内核，以尊情为外衣，以真情为艺术原则，宣赞有情，谴责无情，调和私情，剖析孽情，提倡公情，以情来沟通世间万物，牵引世俗人情。这些思想多散见于《情史类略》（简称《情史》）及《挂枝儿》《山歌》的序言和评点中，在作者的文学实践活动和人生经历中都能找到充分佐证。

（一）情的具体内涵

明晚期的尊情适性思潮，虽颇有魏晋之遗风，但在情的内涵上有着很大的不同。魏晋时期受士族门阀限制，情的含义比较狭窄，而明代随着世俗化潮流，情也逐步趋俗，与民间的世情联系密切，并且具有泛化的倾向。冯梦龙的“情”就有着多种含义，他常用性情、中情、至情、真情、男女之情、有情、无情、公情、私情、多情、寡情给“情”定性。

首先，它是指男女之情，即婚恋、爱情或情爱欲望。冯梦龙认为情始于男女，男女之情是首要的。他曾说：“《易》尊夫妇，《诗》有《关雎》，《书》序嫔虞之文，《礼》谨聘、奔之别，《春秋》于姬、姜之际详然言之，岂非以情始于男女。”① 确实，婚姻和爱情题材是冯梦龙俗文学的大宗，其中尤以小说集“三言”中的《杜十娘怒沉百宝箱》《卖油郎独占花魁》、民歌俗曲《山歌》《挂枝儿》等为代表。另外，他所编辑的《情史》是男女之情的集大成者，汇聚了上至周朝下至明代的两千年历史社会中形形色色的婚姻爱情故事，这些文学作品以及作品后附有的大量评语，都体现了冯梦龙乃至晚明整个时代的情欲观。

① 冯梦龙《情史》，凤凰出版社2011年版，詹詹外史序。

其次，它也指与人的生存和发展密切相关的人伦物理之常情，也可称为穿衣吃饭等基本生活需求下的物欲。一般讲的人之常情，必然关注百姓日常基本需求，包括勤学进取、好货好色、积累财富、为子孙谋福荫、购买田宅、经营店铺等。冯梦龙承认个人在谋求生存、发展时，基本物质需要的必然性和合理性。他在“三言”中，对商人经商事业的认同，对商业精神和商人自我价值实现的肯定等，都是对人之常情的认同。

再次，它是指人与人之间除爱情以外的各种感情，如君臣、父子、兄弟、朋友之情，爱心，同情心等。冯梦龙认为，男女之情经发展演化推导后，必将在君臣、父子、兄弟之间流注。他极力倡导“子有情于父，臣有情于君，推之种种相，俱作如是观”①。情是人际关系中的纽带，是社会凝聚的力量，情最初始于关爱个人一己，进而流注到世人，化私情为公情。

最后，情还是沟通人与人、人与物、物与物之间的线索和纽带，是生命之源，万物之链。冯梦龙在《情偈》中很详细地讲述了这一观点，认为天地万物有情，“天地若无情，不生一切物。一切物无情，不能环相生。生生而不灭，由情不灭故”。万物因情而相生，因情生而不灭。“万物如散钱，一情为线索。散钱就索穿，天涯成眷属”，情作为线索，贯穿于万物之中。②

（二）尊情为基

尊情，即强调以情为尊，正视情感的价值，重视情感的作用。明后期，尊情适性成为文人学士的主流倾向，代表人物有李贽、徐渭、汤显祖、钟惺、王思任、陈继儒等。“在中国封建社会，还没有任何一个时代哪怕是魏晋，像晚明人那样普遍热烈地放肆地赞颂情的崇高，情的伟大，情的魅力，情的神奇，情的无所不在。”③ 而冯梦龙更是其中的代表。

冯梦龙是一个痴于情、专于情，视情如命的情种。他自称“情

---

① 冯梦龙《情史》，凤凰出版社 2011 年版，龙子犹序。

② 冯梦龙《情史》，凤凰出版社 2011 年版，龙子犹序。

③ 夏咸淳《情与理的碰撞：明代士林心史》，河北大学出版社 2001 年版，第 224 – 225 页。

痴”，即使是死后也不能忘情于世人，还一度戏言自己是“多情欢喜如来”。他和名妓侯慧卿的情感恋爱历程，一度改变了他的人生观，自侯慧卿死后，他断绝青楼之好，可见其用情至深。冯梦龙痴迷于情，表现为对有情人和无情人爱憎分明，“见一有情人，辄欲下拜；或无情者，志言相忤，必委曲以情导之”①，尽最大努力促使其从无情变有情。

冯梦龙提倡个性解放，高度赞扬情的魅力。“天地若无情，不生一切物。一切物无情，不能环相生。生生而不灭，由情不灭故。四大皆幻设，惟情不虚假”②，寥寥数语，极度渲染情的崇高地位，从万物起源和生长灭亡的角度，将情拔高到创始万物的高度，肯定“情生万物”“万物因情不灭”和“情本性真”的观念。

在冯梦龙看来，一个“情”字不但是沟通人与人、人与物、物与物之间的线索和纽带，而且能够通过贯通万物来感化万物，使得人与他人、社会、自然的关系变得和谐、健康。他认为情主动而无形，却能感人而不自知，具有圣灵化的特性，甚至具有能够超越生死的力量。他在评点《情史》时，数次将情同人的生死联系起来，并点评说：“人生死于情者也，情不生死于人者也。人生，而情能死之；人死，而情又能生之。”③ 正是情的魔力，使人生而死，又能使其死而复生，将情视为衡量一个人生死的重要价值，甚至超越宗教意义上的生死轮回。此外，情还是永久不朽的，在评点《太霞新奏》卷一时，冯梦龙曾指出，情是人的特质，是继古代“三不朽”之后的又一个不朽。在现实生活中，人为情死，殉情之事时有发生，但是到了冯梦龙的小说中，人死后变鬼，而仍有情，甚至是能死而复生。情使人重生虽是虚幻，却足以看出冯梦龙对情的最高礼赞。

（三）真情至上

冯梦龙认为，惟情不虚假，情本性真。情最难能可贵之处，就在于它的真，极力强调情感的真实性。他编辑《挂枝儿》《山歌》的最初目的，就是要借山歌俗曲中男女之间的真情，来揭露名教的

① 冯梦龙《情史》，凤凰出版社2011年版，龙子犹序。
② 冯梦龙《情史》，凤凰出版社2011年版，龙子犹序。
③ 冯梦龙《情史》，凤凰出版社2011年版，第260页。

虚伪。在《山歌》的序言中，冯梦龙为民歌正名，认为山歌比之于诗文的可贵之处在于其真，是民间的性情之响，故而不能废。在评点民歌时他也多次称赞民歌，指出民歌俗曲虽是浅白俚俗之作，但其中蕴有真情。

冯梦龙推崇真情，认为最能表达真情实感的就是俗文学。在他看来，诗文、词曲、民歌、杂剧、传奇等都是民间真性情的代表，文学体裁表达真实情感的程度影响着该作品感人的程度。他称赞《洒雪堂》“是记穷极男女生死离合之情，词复婉丽可歌，较《牡丹亭》《楚江情》未必远逊，而哀惨动人更似过之”①，并将真情作为评价俗文学作品的重要标准。

冯梦龙推崇真情真意，并忠实履行于自己的文学实践中。首先，他真情实意地热爱俗文学，广泛收集整理民间故事、传说、俗曲、笑话，不以与地位低下的人相交为耻，积极地吸收民间的有益成分，向民间百姓学习，甚至主动编创民歌。在《卖油郎独占花魁》中，冯梦龙将正统文人所鄙视的民歌俗曲穿插在文本中，编创了四首《挂枝儿》，一首称赞王美娘才貌双全，一首讥讽王美娘十五岁尚未梳弄，一首讽刺刘四妈海口大才，一首写王美娘对秦重的思念。四首俗曲语言直白浅露，深得民歌情真的神髓。其次，他认为民间文学所表现的情感最真实，故而不遗余力地收集、整理、改编、刊刻俗文学作品，将之视为自己的毕生事业。除常见的《挂枝儿》《山歌》外，还有《夹竹桃》《黄莺儿》等民歌集，民间说话人的底稿拟话本集“三言”，民间笑话集《笑府》《广笑府》《笑林》《雅谑》，还有笔记、传奇、杂剧等。从古至今，在民间文学上，尚未发现能与冯梦龙相媲美的作家。再次，他自己所编辑的各类俗文学作品，都是浓缩了真情的产物。他的著作很多，但多数是他收集后编辑和评改的，如《墨憨斋改刻传奇定本》收录的数十种，他本人创作的仅有《双雄记》和《万事足》两本，但无论是新创还是旧本改编，都是他真情的结晶。

（四）倡导情教

情感的真实性、至高的地位以及强大的影响力，是情成为教化

---

①《冯梦龙全集·墨憨斋定本传奇》，凤凰出版社2007年版，洒雪堂总评。

世人的先决条件。冯梦龙在《情史》序言中宣称："我欲立情教，教诲诸众生。子有情于父，臣有情于君，推之种种相，俱作如是观。"提出要使"情"流注于父子、君臣、家国、天下之中，以"使人知情之可久，于是乎无情化有，私情化公，庶乡国天下，蔼然以情相与，于浇俗冀有更焉"。[1] 他提出"六经皆以情教"，所以从情教的立场出发，收集历代情事之美者，主张以情感来教化世人，宣赞有情，谴责无情，调和私情，剖析孽情，提倡公情，从而使读者广耳目、超见识，知晓情之不朽，以情度情，广人之情，推己之情，最终促使民间百姓以情相与，建立和谐统一的人际关系。

冯梦龙的情教有两对基本命题，一是有情与无情，另一是私情与公情。首先，在"有情与无情"这个基本命题上，他认为，人之有情，如同草木发芽生长一样，是与生俱来的，在《情史·情芽类》中，冯选取了27个故事，论证了上至帝王将相、圣人义士，下至高僧隐士、黎民百姓，如朱元璋、张咏、孔子、范仲淹、苏子卿、鸠摩罗什、林逋等，都不能逃脱于情。有情之人，才能体人之情，在《情史》的情贞类和情侠类故事中，他集中宣赞了世间的有情人，对有情之人自甘下拜。同时谴责无情之人，力图以有情导无情，利用因果报应进行劝诫和谴责，这个主题集中在《情史》的情秽、情累、情豪三类中，也散见于情报、情仇、情爱三类作品中。其目的就是想由此实现无情化有，所谓"为有情者之朗鉴，无情者之磁石"。冯还借佛教语言，用爱神、欲天、欢喜如来佛等表达自己的爱世情怀，而"三言"中的喻世、警世、醒世三个词语，何尝不是他的有情于天下的一种外在表现？

其次，在"私情与公情"这个命题上，冯梦龙所讲的私情，主要指男女之情，而公情则指亲情、友情、忠情等普通的人伦之情，也即忠孝节义。冯梦龙认为，男女私情经过一定的引导，流注到君臣、父子、兄弟、朋友之间，便可成为忠孝节义一类的公情，使私情化公。从情感对社会产生的后果看，私情指所有不加节制、与道德伦理相冲、对社会产生危害的情感。公情指不危害社会、能维护

---

① 冯梦龙《情史》，凤凰出版社2011年版，龙子犹序。

社会秩序、能醇化社会风气的情感，如侠义之情、义勇之情、公义之情。同时，公情和私情也可以相互转化，《情史·情秽类·河间妇》讲述了一个公情转化为私情的故事，一个贤妻抵挡不住情爱的诱惑，不顾夫妻间的情谊，变成一名荡妇。《情史》中情侠一类作品，作者还借人物故事将情感由私情提高到能够造福社会的高度，主张在国家之内，君主应以情治天下，以情安抚百姓，民间百姓要以情侍奉君主，以情爱护其他百姓。

冯梦龙对情的理解是一种适切于民间审美的新范畴。他深刻地指明：情不单指个人喜、怒、哀、乐、爱、恶、欲等心理状态，还包括个人的自然本性、欲望等基本需求；既指个人自我价值存在和实现的爱己情怀，又指关爱世人、有情于天下的爱世情怀；不仅是人与人之间关系沟通的桥梁，还是人与物、物与物影响的纽带。情存在的普遍性、永久性，性质和作用的双重性，证明了情作为社会规范的必要性和可能性。因而，他提出以情为教，使无情化有、私情化公，建立一个和谐共荣的美好世界。

三、以情为教的文学实践

冯梦龙的“主情论”，在其文学实践活动中得到了充分表现和宣扬，具体而言，主要体现在把“主情论”思想贯穿于丰富多样的文学活动和竭力书写市井小民情感生活等方面。

（一）将“主情论”思想贯穿于文学活动

冯梦龙认为六经皆情教，俗文学可为六经国史之辅。从情教观出发，他主张文学要表达真情实感，且特别提出俗文学最能表达真情。因此，冯梦龙采用多种文学样式，不遗余力地阐述自己的主情论思想，在自己的文学活动中集中鲜明地反映“情教”主题。

1. 小说：为情讲话，以故事颂情

冯梦龙小说主要以“三言”为代表，120 篇短篇小说，其中约有三分之二是描写民间世情与人情的，集中表现了民间市井百姓的生活琐事、饮食日用、恋爱婚姻、忠孝友谊、家庭人伦、人心善恶、社会世态等，反映了形形色色市井百姓的情感生活，编织出一幅民间市井风情画。

“三言”脱胎于民间说话艺人的底稿，作品通过讲述有关民间世故人情、曲折悲欢的故事，热情歌颂情意和谐的人生理想。爱情婚姻题材是“三言”众多故事中的重头戏，《卖油郎独占花魁》歌颂卖油郎秦重与妓女莘瑶琴之间的真爱；《蒋兴哥重会珍珠衫》讲述小商妻子三巧儿受骗失身、由妻变妾的故事，赞美了重夫妻情谊、冲破传统贞操观念的蒋兴哥。男女之间的恋爱与婚姻故事题材占据“三言”的三分之一，成就也最高。这类小说常把民间百姓的情感和欲望，置于道德和生活哲理之上，要求理顺乎于人情，把通人情作为衡量和评价一个人的重要标准之一，认为道德规则只有满足了人们的正常情感需求，才有合理性。

“三言”中还记载了历代形形色色商人的故事，表彰商人的情怀，赞美商人的淳朴善良、忠臣守信、知恩图报、钟情尚义、仗义疏财、慧眼识人等心性，同时也贬斥商人唯利是图、忘恩负义的薄情无义之举。如《施润泽滩阙遇友》讲述苏州商人施复与朱恩之间真挚的友情，歌颂施复的拾金不昧、知恩图报。《范巨卿鸡黍死生交》讲述了异性兄弟范巨卿和张邵的生死交情，范巨卿以魂赴约，张邵以身殉友，赞扬了商人范巨卿的忠诚守信，歌颂了两个人超越生死的友情。

2. 民歌：为情作歌，以词曲存情

冯梦龙记录俗曲民歌，不纯为娱乐，也不只是揭发名教的虚伪，更是为使民间的真性情不被湮没，歌颂具有真性情的可爱女性。他在《山歌》序中指出：“以是为情真而不可废也”，“而吾藉以存真，不亦可乎”，“若夫借男女之真情，发名教之伪药，其功于《挂枝儿》等，故录《挂枝词》而次及《山歌》”。[①] 阐明了自己编著民歌集《挂枝儿》《山歌》的心迹，即把民歌视为反映民间性情之响的代表，利用民歌来保存民间的真性情。

《挂枝儿》《山歌》主要以女性为视角，采用象征、明喻、隐喻、借喻、谐音双关、词意双关、转化、复沓等修辞技巧，描写两性之间的情欲、性爱，传达民间男女之间的情爱信息。其中，最具特色的是借物抒情和将物拟人化，例如借用日常物品、植物来表达

---

① 高洪钧《冯梦龙集笺注》，天津古籍出版社2006年版，第147页。

男女间私密的情爱关系。如《挂枝儿·桃子》《挂枝儿·甘蔗》，借用桃子、甘蔗等民间生活中常见的植物来叙说情欲，桃子、甘蔗都给人以香甜、多汁的印象，被视为引发情欲的象征。又如《挂枝儿·枕》《山歌·伞》《山歌·鞋》借用枕、伞、鞋等生活日用品或贴身物品来传达情爱信息，极其巧妙。

3. 戏剧：为情编剧，以传奇演情

冯梦龙认为戏曲是表达民间性情的一种重要样式，主张戏曲应该悦性达情。他在《太霞新奏序》中指出："词肤调乱，而不足以达人之性情，势必再变而之《粉红莲》《打枣杆》矣。"[①] 就是说：戏曲是真情的产物，如果缺少真情，就会被《粉红莲》《打枣杆》等小曲取代。他推崇汤显祖，因其剧本写出了真情。经冯梦龙改定后的《牡丹亭》，结尾附有他自创的落场诗，诗中点明《牡丹亭》是催泪的情词，并将汤显祖赞誉为情种。冯梦龙编订的《墨憨斋定本传奇》（其中有一半以上是婚恋题材），也将悦情达性作为一个重要的衡量尺度。

在创作戏曲时，冯梦龙首先惯于选择与情节相匹配的宫调，以期"以调合情"。他借助宫调中包含的旋律、音响等，来表达戏剧传奇中人物的喜、怒、哀、乐等爱恨情仇，主张声调和谐，音韵严正，辞藻新丽。其次，他认为戏剧的情节结构和语言，都要为表演真情服务。因而，他提倡结构紧凑、剧情集中、篇幅适中、人物不能太多、剧情要新奇、故事要完整周密，这些都是重视戏剧舞台表演效果的必然要求，更是为真情地演绎作铺垫。此外，为了最佳地演绎出真情实感，冯梦龙还提出戏剧演员必须具备较高的剧本理解力，能够体会出角色的情感变化，并通过自身恰到好处的表演（肢体动作、眼神、语言技巧变化等），表达出人物内心世界，最终完美地将情感传达给观众。在戏剧的评点中，他或直接进行语言提示，或专设一些表演动作，让演员能够将角色的情感进行完美地演绎。

4. 笔记：为情写史，以史传情

冯梦龙的《情史》是其笔记小品写情的巅峰之作。在《情史》

---

① 陆树仑《冯梦龙散论》，上海古籍出版社 1993 年版，第 28 页。

中，冯梦龙以真情为选材标准，为情写史立传：类类讲情，每类以情字命名，从 24 个方面展现情的不同内涵；篇篇写情，每篇都为情而设，以 882 篇故事讲述历史长廊中发生在不同朝代、不同人物身上的不同形态的情事；条条评情，用 300 多条评点展现作者对各种情的复杂态度和倾向。《情史》引用书籍超过 200 本，涉及经、史、子、集等诸多类型，囊括了 2000 多年的情感历史，故事主体包罗万象，有人、鬼、神、物、妖等，是万物有情的最佳体现。

冯梦龙以史的方法为情立传，主要是广人之情，使人们以史为鉴。他尝试以史的方式写情、评情，希望给世人提供为人处世的一面镜子，警醒世人以真情相与，建立一个无情化有、私情化公的和谐社会。《情史》以史冠名，采用史事和史评相结合的形式，以类分排的方法，将大量故事集结整理，按照一定的规律编排，同时结合史评的方式阐述作者的观点，通过史的方法将各类情事连接起来，呈现给世人，推广古今历史中的各种情事，开阔世人的视野，传授生活经验，让世人以史为鉴。

（二）竭力书写市井小民的情感生活

作为晚明尊情思潮的重要代表人物，冯梦龙通过小说“三言”重点讲述民间社会的世故人情和悲欢离合。尤为突出的是，他把市井女性和商人纳入文学视野中，浓墨淡彩地描绘这两大群体的情感生活，刻画他们的喜怒哀乐。

1. 反映市井女性的情感世界

据不完全统计，“三言”中的市井女性有近百人，几乎包括了各种出身、行业、地位、年龄，构成了一个庞大的女性群体，她们的情感生活是“三言”故事叙述的中心。

“三言”中的女性，既包括出身市井小民家庭中的女性，又包括出身官宦家庭的女子；既有未婚少女，也有已婚妇女。这两类女子在冯梦龙作品中随处可见，重点刻画了她们的聪明智慧、纯真泼辣、善良多情、敢爱敢恨。如《张舜美灯宵得丽女》中的刘素香，《乔太守乱点鸳鸯谱》中的刘慧娘，《宿香亭张浩遇莺莺》中的李莺莺，《白玉娘忍苦成夫》中的白玉娘等。在这些故事中，冯梦龙讲述她们形形色色的悲喜剧，展现了女子对真爱的渴望和对幸福婚姻的追求。

妓女是生活在民间市井中的风尘女子，冯梦龙对她们的生活、情感给予了充分关注。不论是小说、民歌，还是戏剧、笔记小品，都有一大批妓女活跃其中。他成功地刻画了一批青楼女子，让世人对这一群体的生存环境和情感世界有一个真切而全面的认知。这些妓女，无论是官妓，还是商业繁荣之下的市井私妓，都生活在社会底层，她们靠出卖色相和才艺，应付社会上各色各样的人。绝美姿色、吹拉弹唱是妓女必备技能；聪明伶俐、察言观色是妓女生存资本。当爱情与她们相遇，她们隐藏在情色交易后的真性情就逐渐显露出来。作者关注市井妓女，主要讲述她们的爱情与婚姻。正是由于她们对真情的渴望与追求，才显示出生命的可贵，形象也变得生动丰满。如《卖油郎独占花魁》中的花魁娘子莘瑶琴，《杜十娘怒沉百宝箱》中的名妓杜十娘，《玉堂春落难逢夫》中的玉堂春，她们是妓女中的“典型”，许多形象至今仍活跃在读者的心中。

“三言”中的尼姑也引人关注，她们并非生活在深山的庵庙道观中，而是行走在民间市井内。她们中既有真心向佛、静心潜修的真尼姑，也有充满生活欲望的假尼姑。《郝大卿遗恨鸳鸯绦》中描写了一批假尼姑，她们年龄不大，却早已出家，可又并不墨守出家人的清规，受民间市井文化的熏染，重视享乐，追求感官享受，重欲贪欢。

媒婆也是市井女性中的一类，她们在“三言”中常以搭桥牵线的作用而存在。受媒人职业影响，作者对她们情感世界的描写多打上了金钱的烙印。她们大多重财轻义，贪恋权势。如《蒋兴哥重会珍珠衫》中的薛婆和《小夫人金钱赠年少》中的张媒婆、李媒婆等，她们往往巧言善辩，见钱眼开，因贪慕钱财而成全别人的奸情，破坏男女主人公的婚恋，她们畸形的情感世界和人生观显然已经被金钱严重侵蚀。

2. 描写市井商人的情感生活

商业经营是市井生活的重要组成部分，商人也是民间百姓的重要一类。“三言”120篇中有近30篇描写了商人形象，其中多半以商人为主角，讲述故事。如《蒋兴哥重会珍珠衫》中长期在外经商的蒋兴哥，《卖油郎独占花魁》中走街串巷叫卖的卖油郎秦重，《闹樊楼多情周胜仙》中的酒馆老板范二郎，《施润泽滩阙遇友》中的手工作坊主施润泽，等等。

冯梦龙在刻画民间市井商人形象时，既书写了一批有情有义的商人，他们仁义智慧、取财有道、忠诚守信、乐于助人、拾金不昧，如蒋兴哥、秦重、范巨卿、金孝等，也描摹了一批无情无义的商人，他们贪婪、狡诈、吝啬，如用钱骗色的陈大郎、恶毒的商人孙富等；既讲述了商人的私情，又反映了商人的公情。冯梦龙在作品中对商人的情感生活、事业理想、人生欲望、悲欢离合进行了全面展现，并通过因果报应思想宣扬了积极进步的经商理念。

一类是利用善有善报的观念，从正面肯定了市井商人的重情重义。如《蒋兴哥重会珍珠衫》《卖油郎独占花魁》中，作者生动描写了商人的情感生活与婚恋观。前者讲述两个商人家庭的情感纠葛：蒋兴哥的爱妻三巧儿在他出门时闺房失守，难耐情欲诱惑而与陈大郎偷情，蒋兴哥发现后，主动仁义地休妻，最后还是难以抵挡心中对三巧儿的爱慕，休而再娶。故事大篇幅地刻画了主人公蒋兴哥忠贞不贰、有情有义的形象。《卖油郎独占花魁》中的卖油郎秦重，也是一个有情有义的仁商，他凭借一颗真心打动了名妓莘瑶琴，获得了一份真爱。“三言”中也有不少篇章表现商人重视友情或拾金不昧的义举，如《吕大郎还金完骨肉》中的棉布商人吕大郎和《施润泽滩阙遇友》中的手工作坊主施润泽，他们拾金不昧，重情重义，广行善举，终获好报。

另一类故事则利用恶有恶报的观念，从反面批判了薄情寡义的商人。这类商人在故事中多为配角，作为一种陪衬而存在，大多为贪恋美色之徒。如《蒋兴哥重会珍珠衫》中的商人陈大郎，明知蒋兴哥和三巧儿夫妻很恩爱，感情如糖似蜜，但为了自己的色欲，仗着钱财买通薛婆，让她帮助自己对三巧儿进行诱骗。虽诱骗成功，却落了个客死异乡的下场。这种恶报是作者刻意设计的，暗含着作者对薄情寡义商人的批判。《玉堂春落难逢夫》中的沈洪，也是一个因贪恋美色而背弃道义的角色，最终也难免招致应得的恶报。

（作者为苏州市吴中区胥口中学教师）

论冯梦龙文学作品中女性形象的思想意涵

余 璐

与一般通俗文学作品较重视情节的处理不同，冯梦龙似乎更为看重人物形象尤其女性形象的塑造。在他的女性人物形象图谱中，不仅涉及的阶层和职业甚多，而且打破了以往女性在文学作品中处于边缘和点缀的传统塑造模式，转而将她们放置在社会及个人命运的舞台上，呈现出一个个鲜活饱满的女性生命形象。这些女性形象的背后，不仅透露着冯梦龙深刻的女性观念，同时也折射出被时代潮流推动的女性意识的嬗变。

一、女性形象塑造及其文化意涵

冯梦龙的女性观念主要借由文本中的女性形象来表达，其中一些生动而独特的女性形象背后更是蕴积着深刻的历史文化内涵，集中体现着冯梦龙积极进步的妇女观念。如他主张男女平等，颂扬女性的智慧，肯定妇女的自然人性，赞美底层妓女群体对于自我意识与个人幸福的追求，这些都展现了冯梦龙具有超前的观念和叛逆的思想。

（一）对女性智慧的推崇

中国古代性别制度在夏商周时期就已经确立，自此以“男尊女卑”“男女有别”为基本形态的性别文化逐步发展，深深植入中国古代社会的集体观念中。《易传》有云：“家人，女正位乎内，男正位乎外。男女正，天地之大义也。”① 也就是说，男性所要担当的是家庭事务以外的公共领域，而女性则被规定在家庭范围内活动。在

---

① 阮元《十三经注疏·周易正义》，中华书局1980年版，第50页。

这种观念支配下，女性逐步丧失了对政治、文化等领域的参与权，同时在强势的男权文化压迫下，女性的能力也不断遭到贬损和压制，如传统社会宣扬的“女子无才便是德”“女祸论”等，就是这种观念的滋生物。

封建理学影响下的女性观念在晚明之际广泛流行，同时也遭到了一部分“觉醒”文人的质疑。对冯梦龙影响甚深的思想家李贽就批评过“妇人短见”的荒谬言论，他提出：“谓见有长短则可，谓男子之见尽长，女人之见尽短，又岂可乎？设使女人其身而男子其见，乐闻正论而知俗语之不足听，乐学出世而知浮世之不足恋，则恐当世男子视之，皆当羞愧流汗，不敢出声矣。”① 李贽反对用性别来判定人之见识长短，主张男女智识的平等，一针见血地指出导致男女才智不平等的原因是女性严守闺训，无法像男性一样走出家门开阔眼界，这实际上也就有力地批判了儒家性别伦理规范对女性能力的贬低。

冯梦龙则发扬了这一观念，并通过自己的文学实践传达对家庭内女性才华与智慧的赞美，体现了民主平等的女性观念。他在《智囊》中专门设了《闺智》一部，用来赞美历史上不输男子的贤哲雄略的女子。在《闺智部总序》中，冯梦龙以反问的形式向宣扬“女子无才便是德”的道学家发难：“夫才者，智而已矣，不智则懵。无才而可以为德，则天下之懵妇人毋乃皆德类也乎？”② 他将女性的才能等同于智慧，认为没有智慧便是无知，而无知的妇人并不能成为道德品行的楷模。同时冯梦龙还认为有智的妇人可以胜过男子，劝说那些并非生来贤明智慧的人不要只是向男性学习，也可以求教于闺中的妇人。

在《闺智》及其他话本小说当中，冯梦龙塑造的见识不俗的女性形象遍布社会各个阶层，上至宫廷贵族，下至平民奴隶，并且几乎涵盖了所有女性所要承担的社会角色，说明在冯梦龙的观念中，家庭内女性不仅和男性拥有同等的才智，而且不分贵贱，带有一种

① 张建业《李贽全集注》（第一册），社会科学文献出版社 2010 年版，第 144 页。

② 冯梦龙《智囊全集》，中国文联出版公司 1997 年版，第 902 页。

社会普遍性。同时，这些女性身上散发的多种多样的智慧，在过去通常都只会在男性那里才会大书特书。

无论是治国齐家，还是相夫教子，冯梦龙眼中的智妇与优秀男子一样，不仅个人能力突出，而且在道德品行方面也是模范。他将女性智慧与德行品质紧密勾连，在充分肯定女性的个人价值和能力的同时，还从伦理道德的社会层面为她们才能的张扬确立了合法性。如在《柳氏婢》中，柳仲郢的婢女不堪忍受刺史盖巨源的陋习，遂装病被辞退，冯梦龙尾评称赞道："此婢胸中志气殆不可测，愧杀王濬冲一辈人！"[①] 婢女机智逃脱粗鄙不堪的主人，她的智慧不单体现在她逃脱时的灵机一动，更体现在她不屈从于小人的气节。

冯梦龙以相对开放的观念塑造了一大批性情各异的智慧女性，她们虽然扮演着家庭内的社会角色，但是她们的才能智慧却跨越了"男女有别"这种性别的空间隔离，有的甚至直接进入政治文化领域，并获得一定的话语权力。冯梦龙对于女性聪明才智的赞扬不限于特定的阶层，而带有鲜明的民主思想，同时从社会伦理道德层面上给予肯定，为家庭内的智慧女性树立了一种全新的正面的形象。

（二）对女子再嫁的认同

自古以来，无数典籍和政府诏令都强调贞节的重要性，而贞节的概念范畴也随着不同时代的发展而演变。为禁止男女淫佚之事，秦代明确颁布法令："有子而嫁，倍死不贞。防隔内外，禁止淫泆，男女絜诚。夫为寄豭，杀之无罪，男秉义程。妻为逃嫁，子不得母，咸化廉清。"[②] 虽然秦代对女子贞节不太苛求，但这种女子在婚姻中要从一而终的观念，却一直延续并不断被强调。到了宋代，理学家程颐宣扬"饿死事极小，失节事极大"的贞节观，把女子进一步捆绑在道德的刑架上。及至明初，统治者对理学大力推崇，在朝野上下掀起一股崇尚贞节的风气，甚至颁布诏令公开奖励女子守节，"凡民间寡妇，三十之前夫亡守志者，五十以后不改节者，旌表门闾，

① 冯梦龙《智囊全集》，中国文联出版公司 1997 年版，第 907 页。
② 司马迁《史记》，中华书局 1959 年版，第 262 页。

除免本家差役”[①]。如此，从国家到地方宗族，旌表制度确立并在实践中不断完善，外部势力对家庭内女子的管控越发严格，而女子本身也将这种贞节观念内化为自身价值，赋予其守节行为以宗教的意味。

到了明朝中后期，社会风气逐渐开明，尤其是民间社会对女子改嫁的态度越发宽容。作为传统封建社会的文人士大夫，冯梦龙当然很难跳出主流的规范，他在一定程度上肯定传统的贞节观，其作品中也塑造了很多贞节的妇女形象，但值得一提的是，他并不顽固极端，而是从女性自身的意识与价值出发，赞同寡妇和失贞女子再嫁，充满人文关怀。他在《情史》中提到一被旌的节妇在临终前嘱咐自己的子媳：“倘家门不幸，有少而寡者，必速嫁，毋守。节妇非容易事也。”[②] 文中讲道：这位女子青年守寡，夜中情动便以手拍案，不想误触烛钉，手掌被贯穿，而家里人却一直不知晓。这一案例说明，所谓的“好马不配双鞍，烈女不嫁二男”，让守寡女子无论是心灵上还是肉体上都备受煎熬。冯梦龙在其后评述道：“然则趁情热时，结此一段好局，不亦善乎！”[③] 他注意到当时守寡女性所面临的痛苦与困境，支持女性改嫁，顺从人性之欲，追求个体的幸福，而不是被泯灭人性的道德教条所绑架。

在《穷马周遭际卖䭔媪》中，穷书生马周欲往长安求取功名，寄寓在朋友外甥女王媪处。王媪是个失了丈夫的丰艳女子，其行为端方，精明通透。她识得马周之才，不遗余力地帮助马周，而马周则在功成名就之后感于王媪的殷勤，诚意求娶，遂成一段佳缘。冯梦龙在眉批中称赞王媪：“此媪大通。”[④] 可以看出，冯梦龙平等对待守寡女性的人格，既是尊重自然人性的体现，也是更加贴近民间社会现实的需要。

传统社会要求女子持守贞节的观念，本质上是为了维护以男权

---

① 李东阳等敕撰、申时行等奉敕重修《大明会典》卷七十九，江苏广陵古籍刻印社1989年版，第1254页。

② 《冯梦龙全集·情史》，凤凰出版社2007年版，第12页。

③ 《冯梦龙全集·情史》，凤凰出版社2007年版，第12页。

④ 《冯梦龙全集·喻世明言》，凤凰出版社2007年版，第102页。

为中心的人伦秩序，但逐渐走向极端的贞节观念和实践不仅损害了女子为人的尊严和身心的健康，更是与民间社会中女子改醮的现实相错位。冯梦龙一方面维护着封建传统的人伦道德，另一方面也反对严苛的贞节制度，对女性的自然之欲有着体恤和认同。看似矛盾的背后，其实也是冯梦龙调整主流价值规范与民间现实之间错位关系的努力和尝试。

（三）对妓女群体的正面叙述

在一般观念里，社会地位低下的妓女缺乏对社会道德价值的认同，往往被贴上贪财薄情的标签，在钱色交易中充当商品的角色。所谓“娘儿爱俏，鸨儿爱钞”，说明在人们眼中，金钱是妓女唯一的价值追求。与此同时，由于妓女处在家庭边缘，不受婚姻制度的严格约束，她们往往享有一定的婚恋自主的权力。尤其是一些受过艺术培养的妓女群体，她们卓越的艺术才情能够满足文人士子对于诗性审美的需求，激发文人对妓女的爱情幻想。由此便形成了文学中妓女题材的两种表现模式：或表现妓女放荡薄情、贪财欺诈的一面；或表现妓女色艺双绝、坚贞深情的一面。

冯梦龙作品中对妓女的描写大致也依循了这两种描写模式，但值得注意的是，冯梦龙能真正从妓女所经历的苦难生活出发，将妓女对于自我生存价值的思考纳入文本中，并作为严肃问题进行讨论。妓女在传统社会性别强权之下承受着比一般女性更为深重的压迫，但这种残酷现实也使她们觉醒，主动寻求为人尊严和自我价值的实现。

在《闺智》一部中，冯梦龙收录了一位名叫王翠翘的妓女的故事。她因为不堪忍受妓院鸨儿的盘剥，便用计脱身，不料却被侵扰江南的倭寇掳获，成为压寨夫人。之后王翠翘与督府里应外合，一举歼灭倭贼。本以为重获自由的王翠翘在庆功宴上却被督府调戏，并被转赠为妾。她不堪受辱，便投水自戕。王翠翘娼妓出身，却不甘于被侮辱、被摆弄的命运，她依靠自己的智慧和谋略奋力争取个人的自由和自尊，即使最后以悲剧结束。冯梦龙在其后尾评：“鸟尽弓藏，红颜薄命，翠翘兼之……吾谓翠翘有功，言于朝，旌之可也；若侠骨相契，虽纳之犹可也。不则开笼放雪衣，亦庶几不负其归老之初意乎?”① 无疑，冯梦龙对王翠翘的悲剧命运感到深刻同情，他毫不避讳地评述妓女被官方势力利用并抛弃的事实，肯定王翠翘为追求个人价值和尊严所做的自我牺牲，并提出了避免悲剧发生的方法与出路。

冯梦龙笔下的妓女一改传统文学作品中被关注、被拯救的被动形象，转而积极依靠自己的智慧才能和金钱财富去摆脱现实的困境，显示了鲜明的个体自主意识。同时，在有关妓女的爱情故事里，男性已不再是文本叙述的焦点和建构的重点，相反，其自身软弱无能、优柔寡断的气质，衬托了妓女群体坚强独立、自尊自爱等优秀品质。在“三言”小说中，杜十娘就集中展现了这一类妓女的品质。从一开始，杜十娘就对自己所处的境况有着清醒的认识，她不满妓院老鸨对自己的控制和剥削，企图寻找出路。她基于自己从良的需要追随了一个看似忠良的男人李甲，并且在李甲无力为其赎身时果断提供了一半的赎金。相比较杜十娘对自我价值和情感的坚定，士子李甲就显得分外孱弱。盐商孙富以千两白银诱惑他放弃杜十娘，“李甲原是没主意的人，本心惧怕老子，被孙富一席话，说透胸中之疑”②，但他却假意询问杜十娘意见，可见他已经将杜十娘看作可交易的商品。而杜十娘最终选择自杀，除了因为李甲情感上的背叛，也因为她不愿再成为金钱交易的对象，便只能用牺牲自己的生命来反抗这种悲剧命运。

冯梦龙将对民间妓女的描写放置在更加广阔的视域中，在整个市民文化崛起的背景之中去真实展现妓女们的生活和人格。出身卑贱的妓女可以直接介入社会商业活动，能够接触到各个阶层人群，比一般女性更能了解到自己所处的困境，更需要实现为人的价值，也更渴望他人的尊重。冯梦龙关注到这些妓女的精神追求，在描写中渗透着尊重平等的观念，带有鲜明的市民文化的底色，显示出一种进步的女性观念。

① 冯梦龙《智囊全集》，中国文联出版公司1997年版，第952页。

② 《冯梦龙全集·警世通言》，凤凰出版社2007年版，第495页。

二、女性个体意识中的“情”与“欲”

在冯梦龙笔下，女性的自我意识往往在两性关系的互动中得以体现。这些女子面对封建伦理纲常的压迫，已不再是逆来顺受，而开始以自我意志为中心，积极追求真挚的情感，享受情爱体验带来的愉悦，这正反映了冯梦龙对于自然人性的张扬和肯定。

（一）以情为本：两性关系中“情”的彰显

在中国传统的性别社会里，主流意识形态严格遵循着“男尊女卑”的人伦秩序格局，同时“男女有别”又从空间上对两性进行隔离，男女之间无法进行亲密的交流，两性关系缔结的合理性只体现为双方义务的履行而非情爱的产生。尤其在男权社会承认一妻多妾制的合法地位之下，作为被动、从属的女性，她们的自我情感和欲望诉求一直处在失语的状态，无法得到正常的满足。

及至明朝中后期，随着社会思潮的迭变和市民阶层的兴起，整个社会的思想观念、思维方式和生活风尚出现了一些新的变化，人们更加关注主体的存在，追求现世的欢愉。其中，以王阳明为首的心学学派，主张“心即是理”，强调人的主体性和主观能动性。尔后，泰州学派王艮提出：“百姓日用条理处，即是圣人之条理处。圣人知，便不失；百姓不知，便为失。”① 认为百姓同圣人一样，有着实现个人价值的能力和道德，隐含着对普通男女自我需求的肯定。

这些思想家的理论不仅在社会上流行，同时也深深影响了晚明文学创作。汤显祖将泰州学派对人欲的张扬浓缩成“情”之一字，在其戏剧《牡丹亭》中发出“至情”的宣言：

> 情不知所起，一往而深，生者可以死，死可以生。生而不可与死，死而不可复生者，皆非情之至也。梦中之情，何必非真，天下岂少梦中之人耶？必因荐枕而成亲，待挂冠而为密者，皆形骸之论也。②

---

① 黄宗羲《明儒学案》（一），《黄宗羲全集》（第七册），浙江古籍出版社 1986 年版，第 836 页。

② 汤显祖《牡丹亭》，人民文学出版社 1983 年版，第 1 页。

汤显祖对“情”的定义充满着浪漫主义的色彩，并且跨越时空的限制，在理想的梦幻中达到永恒。除了戏剧，“情”也流行于晚明通俗小说之中。冯梦龙就收集了800多个有关爱情的故事，加以评注，编纂并发行了笔记小品《情史》。在序中，他用佛偈的方式阐明了对“情”的理解：

> 天地若无情，不生一切物。一切物无情，不能环相生。生生而不灭，由情不灭故。四大皆幻设，性情不虚假。有情疏者亲，无情亲者疏。无情与有情，相去不可量。我欲立情教，教诲诸众生。子有情于父，臣有情于君，推之种种相，俱作如是观。万物如散钱，一情为线索。散钱就索穿，天涯成眷属。①

在此，冯梦龙将“情”看成是维持天地秩序的至上准则，它从始至终贯穿在人与人之间的各种关系里，尤其是作为人伦基础的两性关系中。冯梦龙并未对“情”的概念范畴作清晰的定义，但是通过《情史》中爱情故事传递的信息来看，两性之间的“情”是一种发自内心的情感共鸣，它软化了男女间由于传统礼教带来的隔阂，成为两性关系中最为重要的价值追求。对于处在弱势的女性来说，“情”以感性的、信念的方式介入两性关系里，唤醒了她们对生活以及自我的期盼，调节着个体精神需要和社会规范之间的关系。

首先，当“情”介入男女关系之时，女性朦胧的个体意识被激发，她们不顾封建礼教的束缚，积极寻求婚恋的自主权。《闹樊楼多情周胜仙》中妙龄女子周胜仙在茶坊里对少年郎范二一见钟情，不同于常见的闺秀，她毫不怯懦羞涩，而是直白地面对自己的渴望：“若还我嫁得一似这般弟子，可知好哩。今日当面挫过，再来那里去讨?”② 同时她不惧世俗的眼光，大胆主动地追求自我幸福。冯梦龙在眉批中写道：“步步是女孩儿情胜于男子十倍。”③ 周胜仙不仅运

① 《冯梦龙全集·情史》，凤凰出版社2007年版，龙子犹序。
② 《冯梦龙全集·醒世恒言》，凤凰出版社2007年版，第258页。
③ 《冯梦龙全集·醒世恒言》，凤凰出版社2007年版，第270页。

用智慧去赢得自己的爱情，而且面对来自家庭的反对也是毫不退缩，依然痴守自己的爱情。

其次，当“情”介入两性关系中，女性不再一味顺从、等待，而是积极掌握感情的主动权。当中最为突出的表现就是遭遇男子的情感背叛时，女子一反逆来顺受、默默忍让的形象，转而大胆指责负心汉的过错。如在《挂枝儿·隙部》中，女子借由一系列山歌毫无顾忌地对情人进行咒骂，并且毅然决然地结束了这段关系，显得豁达又酣畅。

> 俏冤家，我与你恩深情厚。我纵与别人好，怎肯把你来丢。你为何恋新人忘了奴旧。我好劝你你又不听我，我苦争你又怕结冤仇。不如狠一狠的心肠也，啐，各自去丢开了手。（《挂枝儿·隙部·发狠》）①

不仅如此，有的女子还敢于对违背爱情誓言的男子实行报复。在《杨思温燕山逢故人》中，郑义娘在离乱之际被人逼迫自杀，死后寻到丈夫让他立下忠贞之誓，后丈夫违背誓言续娶，郑义娘便对负心汉实施报复，使丈夫和续娶之妻纷纷落水而亡。女子在感情中敢于表达自己真实的爱与恨，勇敢而热烈地维护自己的幸福，这是晚明女子对于个人意识的大胆发声。

在冯梦龙笔下，女子正因为有情而在严格的伦理道德和传统礼教里寻得一点寄托，决心为自我幸福不断抗争。同时，我们也应看到，这种女性主体意识的复苏也是有限的，其一定程度上仍被框限在叙述者所规定的场域中发生，而并非是女性完全自主的价值显现。

（二）肯定性欲：女性身体的自我表达

人的本质总是以身体为基础，并以此感知他人、社会、自然甚至广阔的宇宙。可以说人最初可直观把握的认识就是对自己身体的认识，并且通过身体产生了独特的主体意识。而当身体被盖上性别的文化烙印时，女性在传统的男权社会中便失去了对自己身体的部

---

① 《冯梦龙全集·挂枝儿》，凤凰出版社 2007 年版，第 47 页。

分权能，成为性别规范所创造的产物。

女性问题学者李银河指出："传统的性规范又是双重标准的：男性可以追求性的快乐，女性却不可以。传统的性道德对于女性的压抑表现为禁止女性追求以性快乐本身为目的的性快乐。似乎女性只有在为他人服务时才能自我实现。"① 在传统社会，被压制的性欲、被端详的身体，这一切让女性困守在男性视野里，而一旦女性开始关注自己的身体，正视且追求自己的自然性欲时，女性的主体意识便在一定程度上对性别政治有了突破。

在冯梦龙整理的民歌集《挂枝儿》《山歌》所收作品中，多数以男女之情和性爱为主题，收录的情色民歌达一百多首。这些民歌肯定女性情欲的合理性，关注女性在情爱当中的自我感受。在这两部民歌集中，通过第一人称叙述，女子本身成为文本的焦点，她们大胆直言自己的性幻想，主动在男性那里获得性满足，积极地享受性爱带来的愉悦感。如《春画》一篇：

> 姐儿房里眼摩娑，偶然看着子介本春画了满身酥。个样出套风流家数侪有来奴肚里，那得我郎来依样做介个活春图。（《山歌二·春画》）②

女子偶然间看到了房中有一幅春宫图，上面的内容引得她"满身酥"，她迫不及待想要和自己的情郎试一试。歌唱的女性无疑受到当时开放的社会风气影响，当被春画诱起春情时，她毫不避讳地直面自己的欲望，并且企图实现自己的性幻想，表明了这位女性不仅自我的性意识被激发，而且渴望在性中获得满足。而当女性自己的性欲得不到满足时，她们便会责怪男子的无能。

> 结识私情本事低，一场高兴无多时。姐道我郎呀，你好像个打弗了个宅基未好住，惹得小阿奴奴满身癞疥痒离离。

---

① 李银河《性的问题·福柯与性》，文化艺术出版社2003年版，第161页。

② 《冯梦龙全集·山歌》，凤凰出版社2007年版，第23页。

(《山歌二・本事低》)①

老公小，逼疽疽，马大身高那亨骑。(眉批：逼疽疽，吴语小貌。) 小船上橹人摇子大船上橹。正要推扳忒子脐。(眉批：扳音班，挽也。) (《山歌三・老公小》)②

第一首民歌中“未好住”指的是男子不能满足女子的状态，“痒”原意是指皮肤受到刺激需要抓挠的感觉，而在冯梦龙收集的民歌里则是代指性欲不满足。第二首民歌中的女子则更加直接，指出丈夫的生理缺陷导致了两性关系的不和谐。这两首民歌都是从女性的视角出发，将男性从性爱关系的上位给逼退，积极展现自己对人自然原欲的渴望。同时，女性在欲望的表达中展露着她的身体，虽不免被男性窥探，但是真实的欲望却为其抹上灵动的色彩。

姐儿生得好身材，好似荐粜船舱满未曾开。郎要籴时姐要粜，探筒打进里头来。③

姐儿生得眼睛鲜，铁匠店无人奴把钳。随你后生家性发钢能介硬，经奴炉灶软如绵。④

以上《山歌二・姐儿生得》这两首，运用比喻、双关等修辞手法来描绘男女之事，其中对女子身体的描写朴实可爱，饱含着男女之间真挚浓烈的情欲，呈现了富有生机与活力的女性身体。

女性在情爱的追逐中实现着对身体自我意识的把握和掌控，她们在无法摆脱的男性观照中，获得了一定程度上的自我释放和自我愉悦。所以说，冯梦龙在女性观念上是极具突破性的，他肯定女性对于性欲追求的合理性，在作品中真实展现了觉醒的自我意识和追求个人幸福的女性形象。

---

① 《冯梦龙全集・山歌》，凤凰出版社 2007 年版，第 26 页。
② 《冯梦龙全集・山歌》，凤凰出版社 2007 年版，第 37 页。
③ 《冯梦龙全集・山歌》，凤凰出版社 2007 年版，第 17 页。
④ 《冯梦龙全集・山歌》，凤凰出版社 2007 年版，第 18 页。

三、性别符号与刻板印象

在以男性为中心的性别社会里，女性自我意识的觉醒和张扬并不能代表女性主体意识的完全复苏，抑或女性在性别规范中的地位发生颠覆性改变。女性依旧在文学文本中扮演着社会性别期待下的角色符号，表现出僵化而刻板的形象内涵。

（一）“色欲亡身”的女性寓言

在中国的传统性别文化中，男女承阴阳两气而出，其情爱之事是顺应阴阳之道的，而阴阳之调和则顺应生命之道、宇宙之道。《三元参赞延寿书》中提道：“一阴一阳之谓道，偏阴偏阳之谓疾。”① 男女情爱关系犹如天地阴阳的结合，对个人的生命存在有着极为重要的作用。然而，欲望过多却不加节制，也会带来不好的影响。《庄子·大宗师》中将欲望与获得天机的能力相联系，说道：“嗜欲深者天机浅，嗜欲浅者天机深。”② 强调人不可纵欲过深，这样会损害人的智慧和性灵。这样的观念一直得以延续，及至宋明理学，则将制欲的观念进一步发展为“去私欲”，把它当成“明天理”的重要途径。程朱理学中的制欲不单单是从身体方面对性欲进行克制，还从道德的层面是对人欲提出规范要求。

在这种文化背景下，无论是历史典籍还是民间传说都有着大量因为纵欲而发生的悲剧故事，从而产生了以“色欲亡身”为母题的叙事模式。在冯梦龙的小说作品中，同样也有很多以此为主题的故事，在这些程式化的叙述里，女性担任着十分“重要”的角色，成为叙述者传递道德观念和价值的形象典型。

首先，在形象塑造上，女性在文本中往往是主动诱惑的一方，使被引诱的男性欲望泛滥，最后导致悲剧结局。在《蒋淑真刎颈鸳鸯会》中，女子蒋淑真一生经历了四名男性，并直接或间接地导致了三名男性的死亡。蒋淑真年少时遇见邻居阿巧，她主动勾引甚至强迫阿巧与她欢爱，使得阿巧惊气冲心而死。之后蒋淑真接连两次

---

① 李鹏飞《三元参赞延寿书》，中国书店 1987 年版，第 9 页。

② 郭庆藩《庄子集释》，中华书局 1961 年版，第 228 页。

出嫁，都因欲望得不到满足而与他人有私。四段情爱关系，其中有三段关系都是女性主动引诱男性，而男性在其中扮演着受害者的角色。在整个文本中，被塑造的这个女性不再是血肉饱满的人，而是成了欲望的符号象征，她的生存意义完全是为了满足性欲本能，与叙述者想要传达的“色欲乃忘身之本，为人不可苟且”① 的道德规范是全然对立的。

其次，在故事情节的安排上，有着荡妇形象的女性大多被男性直接或间接地施以严厉的惩戒。《任孝子烈性为神》中任珪之妻梁圣金与周得有了私情，为了掩盖真相诬陷任父对她图谋不轨，后任珪发现了她的秘密，一怒之下杀了自己的丈人、丈母、婢女、妻子和奸夫。他残忍的杀人行为在道义上被认为是合情合理的，并且最后通过神仙的力量逃脱了法律的制裁。这样的情节安排一方面是基于女性代表欲望的观念，另一方面是男性通过惩戒荡妇也即惩戒欲望来回归道德正轨，达成自我的实现。

在“色欲亡身”的性别寓言中，女性作为令男性恐惧的欲望而存在，成为男性生存的一种威胁，她们在被言说中丧失了自己的意志，无法表达真实的自我。而男性身为情欲两端中的一方，一面在荡妇塑造中享受着规范之外的欲望快感，一面又期望社会道德力量的帮助与认可。这看似矛盾，却能够体现封建男权社会中男性对于性权力的绝对控制，而女性却只能长久保持沉默。

冯梦龙虽支持女性追求个人欲望，但身为封建文人士大夫，其在观念上不免带有浓重的封建男权色彩。这些女性形象成为“失序”的典范被批判，更多是为实现冯梦龙匡正秩序的理想而被塑造的。在《醒世恒言》的序中，冯梦龙提到小说集取名的原因：“明者，取其可以导愚也。通者，取其可以适俗也。恒则习之而不厌，传之而可久。”② 可以看出冯梦龙呈现这类女性背后的真实意图和目的。

（二）“才子佳人”模式下的“卑者”

在中国古代文学史上，才子佳人的爱情故事屡见不鲜，常见于

---

① 《冯梦龙全集·古今小说》，凤凰出版社 2007 年版，第 571 页。

② 《冯梦龙全集·醒世恒言》，凤凰出版社 2007 年版，叙。

戏曲和小说等通俗文学当中。在这些故事中，才子佳人自主选择自己的婚恋对象，积极主动地追求婚姻自由，不顾来自封建家庭的反对，由此具有了一定的反封建反礼教的社会意义。

《王娇鸾百年长恨》可以说是典型的才子佳人的故事，记录了司教之子周廷章和武官之女王娇鸾的悲喜爱情。据胡士莹在《话本小说概论》中考证得知，这是一篇明人所作的话本小说，"按卢梅湖之《寻芳雅集》（一作《怀春雅集》），见《燕居笔记》载《国色天香》卷四，记元末吴廷璋与王娇鸾等婚媾事，虽结局不同，然时代及男女两主角的姓名大体相同，当为一事两传。本篇疑为冯梦龙手笔"①。虽无充足的资料证明此篇确是出于冯梦龙之手，但可以肯定是明代创作的作品，其人物的塑造和情节的编排可以反映出当时的时风世情，透露出明代文人对故事中女性独特的审美观念和价值取向。

在小说中，王娇鸾无疑是非常理想化的"佳人"形象，她综合了这类形象所必备的一切特质：年轻貌美，性情真挚，聪慧伶俐，且正处在春心萌动的时候。与文中薄情寡义的男主角周廷章相比，王娇鸾则集中承担着"才子佳人"故事模式中反传统反礼教的功能意义。首先，小说重点突出了王娇鸾灵心慧性、才华横溢的一面。文章一开头对于王娇鸾的评价并没有过多涉及外貌，而是突出描写了她在诗文方面的才能，"娇鸾幼通书史，举笔成文"②。紧接着，小说中提到王娇鸾所创作的诗歌多达76首，文本中直接引用的有18首，包括王娇鸾与周廷章的唱和之诗及联句一律，以及书信附诗和封皮题诗等。可以说王娇鸾以其斐然的文学才华为自己创造了一个超越性别界限的诗性空间，使得她具备叛逆和抗争的意识与能力。其次，王娇鸾对待感情真诚热烈，她为爱勇敢突破自我，违反父母之命与周廷章私下结合，矢志不渝地追求自己的爱情理想，这正体现了冯梦龙所肯定赞美的"情"之意涵。

"元、明、清三代是诗性文化进一步走向现在乃至世俗的阶

---

① 胡士莹《话本小说概论》，中华书局1980年版，第557页。

② 《冯梦龙全集·警世通言》，凤凰出版社2007年版，第518页。

段。”① 从对王娇鸾的描写中可以看出，其“佳人”形象不仅体现着传统文人诗性审美的特点，同时也渗透了市民阶层的情感欲望和审美趣味。“佳人”作为男性眼中最为理想化的女性，她不需要进入家庭内部承担责任，不需要对男性保持绝对的贞节义务，她所拥有的自由使其在文本故事中具备一定反传统的意义。但是这本小说中，从王娇鸾的身上却始终能窥见传统性别规范下女性的卑从命运，这让生性叛逆的“佳人”失去了自由带来的反抗价值。

与以往才子佳人故事中的一些女主角不同，王娇鸾在整个文本叙述中都显得十分被动。从一开始逾墙初见这样极富象征意义的行为中，并没看到王娇鸾主动去跨越礼教这道“墙”，反而对周廷章的视线采取躲避的姿态。同时她反复提到贞节对自己的重要性，“妾本贞姬，君非荡子。只因有才有貌，所以相爱相怜。妾既私君，终当守君之节；君若弃妾，岂不负妾之诚”②。说明王娇鸾对于贞节的强调不光是对感情忠贞的要求，也是在为他们的情感寻找合法性的解释，这一下子就冲淡了女性为爱突破禁制的意义。文本的最后，叙述者安排王娇鸾为爱守节而自缢，这样的悲剧结局却无法产生撼动人心的力量，原因就在于王娇鸾在情感推进的过程中，时时都处在被动的状态，在遭遇男性背叛时，并未再主动争取幸福，而是选择死亡以全其贞节。强烈的贞节意识使她丧失了主动追求自由爱情的能力，也就削弱了她本该具有的超越性。

文本中有这样的细节，王娇鸾第一次回诗给周廷章时说道：“劝君莫想阳台梦，努力攻书入翰林。”③ 又在回复周廷章的告白信中写道：“休得跳东墙学攀花之手，可以仰北斗驾折桂之心。眼底无媒，书中有女。”④ 女性劝诫男性要考取功名，走上仕途正轨，这其实是传统性别社会中男性对女性角色的一种要求和期待。男尊女卑的现实让女性绝对顺从于男性，她们的职责就是为了协助男性能够获得

---

① 王纯菲等《中国性别理论与女性文学批评》，社会科学文献出版社 2014 年版，第 90 页。

② 《冯梦龙全集·警世通言》，凤凰出版社 2007 年版，第 525 页。

③ 《冯梦龙全集·警世通言》，凤凰出版社 2007 年版，第 521 页。

④ 《冯梦龙全集·警世通言》，凤凰出版社 2007 年版，第 523 页。

更好地发展，而敦促男性走上主流认可的仕途经济则是性别规范赋予女性的角色责任之一。

王娇鸾的“佳人”形象在看似叛逆的外表之下潜藏着另外一个“卑者”形象，这使她在情与理的不断冲击下丧失了反抗的力量。在冯梦龙的笔下，才子佳人的故事模式不再单纯讲述男女间炽热缱绻的爱情，王娇鸾们也不能通过自己的美貌和才华去赢得自由和幸福。女性在“情”中沦陷，却终究为“教”树立了典型，而叙述者则在叙述话语中变相强化着女性卑从的属性。

（三）底层女性的贬低：“三姑六婆”形象及其寓意

在冯梦龙的作品里，尤其在以描写市民生活为主的“三言”小说中，三姑六婆往往作为穿针引线式的配角人物活跃在文本中。相比较冯梦龙对妓女群体深刻的同情和热烈的赞扬，三姑六婆通常是被贬低的群体形象，“元、明以来，她们背负着贪财好利、媒介奸淫的恶名，尤其在戏曲、小说里，大都以反派或丑角的姿态出现”①。究其原因，这与三姑六婆在文本中的形象寓意以及中国古代性别观念有着极大的关联。

在中国古代社会，陌生男女无法进行正常的交流和互动，于是三姑六婆往往充当着两性之间交往的信息媒介，她们凭着伶俐的口舌，在礼教森严、男女大防的年代，挑开情欲的缝隙，使得良家妇女从贞烈变“不良”。这样的职业特点看似不起眼，但反映在关涉男女情爱主题的文本中，就成为推动情节发展、改变主角命运的关键。

这个关键就体现在文本中三姑六婆话语背后所指涉的意义上。三姑六婆走街串巷，以巧言利辩的能力为生。对于三姑六婆来说，话语既是她们营生的工具，也最为直接地体现了她们的形象。三姑六婆在文本中主要承担着男女交往的媒介功能，她们了解闺门女子心理的需求，并配合男子利用性别之便引诱女子变节，尤其她们话语中性暗示和性戏谑的意味强烈，为闺中女子冲破禁忌提供了潜在的叙述氛围。《蒋兴哥重会珍珠衫》中陈商央求薛婆为他牵线搭桥来认识王三巧，这薛婆是个能言快语、口齿伶俐之人。在设计认识王

① 衣若兰《三姑六婆——明代妇女与社会的探索》，稻乡出版社2002年版，第14页。

三巧之后，为诱得女子心动，“凡街坊秽亵之谈，无所不至。这婆子或时装醉诈疯起来，到说起自家少年时偷汉的许多情事”①，甚至直言不讳自己破身后的感受，勾得三巧欲心波动。三姑六婆极具暗示意味的语言，无形中建构了以“性”为核心主题的叙述话语，为男女之间由本我欲望的冲动引发的僭越行为营造了一种话语环境，而这种话语本身也映射着叙述者对于社会时代发展的认知。

明代社会的性别观念本身充满着矛盾对立，官方主流对女子严格的贞节要求和现实社会淫逸放荡的风气产生冲突，而三姑六婆的存在正是将这种冲突给扩大化了。她们在文本中不仅为男女之间的私情提供发生的情景，同时自身也成为各种欲望的投射，包括性欲、物欲等。除此之外，她们为男女传情达意也多是出于金钱利益的驱使，并非出于道义上的同情或是帮助。这样一来，三姑六婆的形象丧失了道德上的正义，虽然作为一股来自民间的逆流冲撞了礼教纲常秩序，但其本身的缺陷却被叙述者所放大和否定，进而被丑化且脸谱化。

作为冯梦龙作品中不可缺少的配角，三姑六婆这类女性形象被消解了性别主体的意义，而成为叙事环节的功能符号，尤其是她们的话语。在冯梦龙所塑造的女性群体中，她们不符合男性的审美需要，往往也是被忽视和贬低的。但不可否认的是，在三姑六婆形象能指的背后，是明代社会情与理矛盾冲突的所指。

（作者为苏州大学文学院2015级文艺学专业研究生）

---

① 《冯梦龙全集·古今小说》，凤凰出版社2007年版，第16页。

冯梦龙《禁溺女告示》的特点和影响

卢彩娱

告示，是古代官府昭示民众的一种下行公文文种，官以事告知于下，称为“示”。明清时期，不仅君主和朝廷六部发布榜文，各级地方长官、巡按也把发布告示作为治理地方的重要措施，将某些旨意和重要事件广泛而快速地告诉民众，使用“告示”文书张贴在本衙门所管辖的要道路旁，以昭示民众。

著名文学家冯梦龙于崇祯七年（1634）被选任为福建寿宁知县，颇有政绩。他在任四年，曾编过当地的方志《寿宁待志》，其中收录了他在任时的一则告示《禁溺女告示》。该告示文风、语言、内容都独具特色，影响很大。本文就《禁溺女告示》的发布特点和社会影响作一分析。

一、《禁溺女告示》的发布特点

在我国，早期告示的传播材料是用木板书写的。《封氏闻见记》记道：“所以名‘露布’者，谓不封检，露而宣布，欲四方速知。亦谓之‘露版’。”① 后来人们觉得露版造成的声势不够，便用绢帛代替木板。将告示写在绢帛上，高悬旗杆，便于民众观览，可以更快的速度使民众知闻。但是，绢帛毕竟是昂贵的材料，不能广泛地应用，于是，人们又一次寻找新的出路，并很快发现纸张是一种非常适宜的书写材料。唐代以后，由于成功地解决了生产技术和原料来源等问题，纸张开始在社会普及；到了明代，纸张的生产产量不断提高，质量不断完善，《禁溺女告示》与其他众多的地方告示都迎来

① 封演撰、赵贞信校注《封氏闻见记校注》，中华书局2005年版，第30页。

了纸张书写的时代。那些告示被写在易于保存、经久不脆、不会褪色的宣纸上，大大提高了影响力和宣传效果。

明代，各级地方政府和长官用以公布法令和法规的榜文与告示，不是官员随意可以发布的，它的制定和公布有一定的审核、批准程序。其程序以制定权限的不同分为以下几种情况：第一种是下级针对某种事项拟定榜文、告示文本，经呈报上级批准后，以下级长官名义发布。第二种是由上级针对某种事项制作榜文、告示文本发给下级，以上级长官名义发布。第三种属于劝农、观风、丧葬、育婴、禁赌、防盗、风俗等方面的地方榜文、告示。《禁溺女告示》就属于地方上的规劝类告示。

在古代，封建等级制度是非常森严的，告示既然是有不同层次的，那么告示的书写格式当然也是要分等级的。小衙门的告示，其规格不能超过大衙门的告示，否则就是违反了尊卑有别的礼仪。但是，明中期以后由于政府的行政纪律松弛，一些小衙门的告示竟然大于级别更高衙门的告示，连民间商人的告示也超过了官府的告示，甚至还用朱笔书写。看到这一切，明万历首辅大臣朱国祯不得不感叹世风日下，纪纲败坏。他感慨地说："前在京中过安福胡同，见兵马司告示大于巡城御史。后归家，见驿丞告示大于知县，乃富翁之告示佥以朱笔悬之通衢。盖人之不自分如此，而风俗纪纲可概见矣。"①

告示的等级性还表现在张贴告示的方式上。作为传播媒介之一的告示，它分为印刷的和手抄的两种。哪些采用印刷的，哪些采用手抄的，取决于告示的内容和告示的级别。宫廷告示、中央政府告示和省以上衙门告示，一般都是印刷张贴发布。明代省级以上官府的告示普遍采用雕版印刷，主要是因为官府的级别越高，管辖的范围越广，而管辖的范围越广，告示的张贴量相应地也就越大。省级以下的官府，如州和府，有时就采用雕版印刷，有时就采用手抄，全视具体情况而定。而在县级衙门，由知县发布的告示，由于级别较低且张贴量不大，主要用手抄的。《禁溺女告示》是县级告示，自

---

① 朱国祯《涌幢小品》卷十五，明刻本。

然是手抄的，后来冯梦龙把该告示收录在《寿宁待志》风俗篇里。

二、《禁溺女告示》的语言特色

（一）语言通俗易懂，开创告示语言新文体

汉语自古以来就有文言文和白话文之分，文言文是官方的语言，是公卿文人的文字语言。文言文文法繁复，讲求用典对仗、摹仿古人。用其写作的书籍典卷，普通百姓自然难以理解。告示是官方的文告，都采用官方的语言即文言文。所以，普通百姓看街市上的告示，通常要问旁人："这告示上写的是啥？"如果旁边没有读书人，告示的内容就不得而知了。

明代商品经济发展，是我国封建社会的转型时期，表现在文学上就是平民化与世俗化的趋势。而白话文的出现就是文学世俗化的一个重要特征。明朝后期，出现了大量表达市民精神、市民文化的白话短篇小说，冯梦龙的"三言"就是其中典型的代表。文学界高度肯定冯梦龙在中国古代汉语文体创新上的贡献。而冯梦龙将白话文运用于告示，更是一种大胆的创新。它一改告示官方语言化的传统，用白话文来撰写告示。我们查看了与冯梦龙同时代，在淳安当知县的海瑞发布过的一篇《禁馈送告示》①：

> 接受所部内馈送土宜礼物，受者笞四十，与者减一等，律有明禁。粮里长各色人等每每送薪送菜，禁不能止。穷诘所以，盖沿袭旧日风，今日视为常事。且尔等名为奉承官府，意实有所希求。谓之意有希求者，盖亿官府不易反面，而今少献殷勤，他日禀公事、取私债、多科钱粮、占人便宜，得以肆行无忌也。若有美意，则周尔邻里乡党之急，可也。官有俸禄，何故继富？与之官，取之民，出其一而收其十，陷阱不浅。今后凡有送薪送菜入县门者，以财嘱论罪。虽系乡宦礼物，把门皂隶先禀明后许放入。其以他物装载，把门人误不搜检者，重责枷号。

① 《海瑞集》（上册），中华书局1962年版，第181页。

再来看冯梦龙撰写的《禁溺女告示》[①]：

寿宁县正堂冯，为严禁淹女以惩薄俗事：访得寿民生女多不肯留养，即时淹死，或抛弃路途。不知是何缘故？是何心肠？一般十月怀胎，吃尽辛苦，不论男女，总是骨血，何忍淹弃？为父者你自想，若不收女，你妻从何而来？为母者你自想，若不收女，你身从何而活？况且生男未必孝顺，生女未必忤逆。若是有家的，收养此女，何损家财？若是无家的，收养此女，到八九岁过继人家，也值银数两，不曾负你怀抱之恩。如今好善的百姓，畜生还怕杀害，况且活活一条性命，置之死地，你心何安？今后，各乡、各堡但有生女不肯留养，欲行淹杀或抛弃者，许两邻举首，本县拿男子重责三十，枷号一月，首人赏银五钱。如容隐不报，他人举发，两邻同罪。或有他故必不能留，该图呈明，许托别家有奶者抱养。其抱养之家，本县量给赏三钱，以旌其善。仍给照，养大之后，不许本生父母来认。每月朔望，乡头结状中并入"本乡并无淹女"等语。事关风俗，毋视泛常，须至示者。

二者相比，《禁溺女告示》显然较为通俗易懂，内容一目了然，更易于为普通民众所理解，影响力更为广泛。

（二）条陈赏罚分明，刚柔相济

《禁溺女告示》条陈写得入情入理，感动人心，劝导层层递进，富有智慧。

其一，以血缘亲情角度，劝告民众。"不论男女，总是骨血，何忍淹弃？"

其二，从生命延续的角度，启发民众的认知，富有哲理性。"为父者你自想，若不收女，你妻从何而来？为母者你自想，若不收女，你身从何而活？"

其三，以道德层面，教化民众。"况且生男未必孝顺，生女未必

① 《冯梦龙全集·寿宁待志》，凤凰出版社2007年版，第31页。

忤逆。”

其四，以经济利益的角度，劝告民众。“若是有家的，收养此女，何损家财？若是无家的，收养此女，到八九岁过继人家，也值银数两，不曾负你怀抱之恩。”

其五，以慈悲仁爱的角度，劝导民众。“如今好善的百姓，畜生还怕杀害，况且活活一条性命，置之死地，你心何安？”

以上几个方面，用词温和，满怀温馨的劝导。接着冯梦龙语锋一转，语言变得严厉、威严。赏罚条陈明白清晰。一罚生女淹杀者：重责三十，枷号一月。二罚隐而不报：两邻同罪。三罚抛弃女婴的父母：长大后不许其亲生父母相认。一赏首人：赏银五钱。二赏其抱养之家：本县量给赏三钱，以旌其善。

冯梦龙命手下将《禁溺女告示》张贴于寿宁街头，还俸捐奖赏收养女婴的人家，并将《禁溺女告示》完整地收录在《寿宁待志》风俗篇里。

三、《禁溺女告示》的影响

（一）《禁溺女告示》的法律效力

《禁溺女告示》作为地方告示是兼有法律和教化双重功能的官方文告。在中国古代的地方法制建设中，榜文、告示有其他法律、法令和官方文书不可替代的作用。历代制定的法律种类甚多，条目冗杂，平民知之甚少。榜文、告示寓申明法令与道德教化于一体，内容是百姓关心的民间事务。《禁溺女告示》就其内容和功能而言，以晓谕、教化为宗旨，内容力陈时弊，意在使人有所警觉，趋善避恶，要求臣民一起遵守。它在实施法律方面具有直接、快捷的特点。在古代地方官府官吏有限、信息传播不便的条件下，榜文、告示不仅是公布法律法令和进行法制教育的重要途径，而且是加强官民沟通、提高办事效率的有效方式。

明代有邸报、塘报，而告示是散布范围更广、信息辐射能力更强的传播工具。可以说，告示在新闻传播的活动中，同邸报有着很接近的传播功能，是没有“报头”的报纸，它的影响面广于邸报。在明末这样一个危机四起时期，在寿宁这样一个僻远山县，显然，告示犹如新闻发布中心和信息传播中心，作用显得更加突出，功能得到充分发挥。

（二）《禁溺女告示》体现了古代禁溺的强化

我国男尊女卑、重男轻女风俗自古已然，后发展为溺死女婴恶俗。战国时期溺女就有一定的普遍性。而自宋元明清以来，福建一直流行这习俗，是溺女的“重灾区”，历代典籍多有记载。封建礼教的残酷，使无数幼小的生灵被无辜扼杀于襁褓之中。这种溺女风习的流行，有其深刻的社会原因：其一，家贫，养不起女婴；其二，社会风气重视嫁妆，父母害怕日后陪嫁不起，成为累赘；其三，抱儿孙心切，恐哺乳女婴而延误女人再怀孕的时间。凡此种种原因，反映了中国古代社会重男轻女、男尊女卑的封建思想。

溺女陋习的流行，造成许多社会问题，如进一步蔓延恶化，可能加剧男女失衡，户口凋残，劳力和兵源锐减，动摇统治根基。许多朝代的统治者和有识之士都认识到这一点。首先是宋以后的统治阶级对此渐有认识，如南宋、明朝、清朝都有圣旨下达禁溺女令，并加以法律解释：“倘不遵禁令，仍有溺女者，许邻佑亲族人等首报，将溺女之人照故杀子孙律治罪。”[①] 其次是古代进步文人对这种逆天悖理的惨事发出痛心疾首的呐喊。明朝广泛流传着观音菩萨显化散发《戒溺女歌图》的故事，清代学者郑观应写了《劝戒溺女》，清代诗人施闰章也写了《戒溺女歌》。最后是地方官的重视。福建，宋时俞仲宽出任顺昌知县，作戒杀子文，劝其乡人，无得杀子。故生子多以“俞”为小字。朱熹之父朱松，出任政和县尉，制治有方，作《谕民戒溺女文》，以劝谕的方式，禁止当时民间溺女的风俗。近年来，还在永泰发现了清代的“奉宪永禁溺女碑”。清代，福建各县有溺婴习俗的县都设有育婴堂、保婴局之类的机构，其经费或由政府拨给，或由富商捐赠，迄至晚清，一些西方教会也在福建各县设立了许多育婴堂。

俞仲宽、朱松以劝谕的方式，发文禁溺，其拳拳爱民之心确实感人。而以地方官的名义，出告示禁溺女，让禁溺女成为一个地方

① 《福建省例·恤赏例》，台湾文献丛刊本，第472页。

的行政作为，则是冯梦龙的创举。三百多年前的寿宁是“地僻人难到，山多云易生”的小县，这里“岭峻溪深”，“山高水寒，树获俱后于他县”，加上“荒旱相仍”和统治阶级盘剥压榨，搞得“民穷财尽”，贫苦农民“五月卖新禾”。因此，寿宁当时就流传着溺女婴的陋俗，对这一野蛮落后的“薄俗”，冯梦龙一边出告示，设厉禁，一边捐俸以赏收养者，以通达道理，开启顽愚，提倡男女平等，明确奖惩法规，溺女之风“顿息”。告示所体现的为妇女争取生存，反对重男轻女，提倡生男生女一样好，男女平等的民主进步思想值得后人学习和借鉴。

（三）《禁溺女告示》起到了教化风尚的重要作用

《禁溺女告示》作为地方政府的告示，它的发布权掌握在以冯梦龙为首的寿宁县政府及其官吏手中，因而它在寿宁县人民的政治生活和社会的日常生活中，起着十分重要的教化风尚、安定秩序、统率舆论的作用。冯梦龙在禁溺女的措施中，不是单纯地“堵”，而是先“疏”、先“导”，让家庭成员共同认识到女性的重要作用，提高女性的社会地位，较好地缓解了当时生女家庭的矛盾，减少了许多民事案件的发生，起到了稳定家庭、维系人心的积极作用。

难能可贵的是冯梦龙还把告示条款的执行情况列入官员的考核中，每月朔望，乡头结状中并入“本乡并无淹女”等语，事关风俗，毋视泛常。这样的举措，体现了冯梦龙的治理智慧，确实值得后人推崇和学习。

（作者为福建寿宁县教师进修学校高级教师，寿宁县传统文化研究会副会长）

特约稿件

吴歌研究史及其相关问题的讨论

郑土有

吴歌，是用吴语演唱的、在中国吴语地区流传的民间歌谣的总称。吴语地区指以方言为划分标准的地域，大致包括江苏省南部的苏州、无锡及南通部分地区，浙江省北部的杭州、嘉兴、湖州地区，还包括上海市。它们同属一个语言文化圈和民俗文化圈。在这一区域流传的民间歌谣具有基本相同的特征。顾颉刚先生在《吴歌小史》中说："所谓吴歌，便是流传于这一带小儿女口中的民间歌曲。"① 吴语地区地势平坦、水网密布、气候湿润，是中国著名的稻作生产区，吴歌就是在这样的环境中逐渐丰富发展起来的具有鲜明地域特色的民歌种类之一。本文拟对吴歌的研究史（包含发展史）以及在研究过程中曾经发生过的争议作简单的介绍。

一、文献记录的吴歌及搜集整理历程

从考古发掘来看，吴语地区具有悠久的历史，属于新石器时期的浙江余姚河姆渡文化，距今7000多年。这一时期的考古发现了大量的农具和生活用具，干栏式建筑，水井，尤其是发现了独木舟、舟楫，以及大量炭化的稻谷，说明当时已有发达的原始农业和渔业。从理论上说，当时就应该有相关农耕、渔猎生产的歌谣流传。

至春秋战国时代，文献中出现"吴歈"（"歈"又作"愉"）、"越吟"之说，是吴歌最早的文字记载。屈原《楚辞·招魂》中说："吴愉蔡讴，奏大吕些。"汉代王逸注："吴、蔡，国名也。愉、讴，皆歌也。大吕，六律之名。"

① 北大研究院文科研究所歌谣研究会《歌谣周刊》，第二卷第二十三期。

据西晋著名文学家左思（约250—305）《吴都赋》，“荆艳、楚舞、吴愉、越吟”，皆南方之乐歌，为《诗三百篇》所未收者。可见，吴愉、越吟在当时已有一定的影响。春秋战国时期诸侯争霸，强国吞并弱国之事时有发生。吴、越两国接壤，吴国曾大败越国，后来越又灭了吴，最后，楚灭越。因此，这段历史时期很难以国名来划分区域。但吴、越两国的大致范围在今江、浙、沪两省一市，两国不仅接土邻境，而且“习俗同，言语通”，“同音共律”，因此虽然已无法知晓吴愉、越吟的真实面目，但它们应该属于吴歌的早期形态。

在历史文献记载上真正作为一种歌体出现的，是从南朝乐府的“吴声歌曲”开始的。宋代郭茂倩辑的《乐府诗集》[①]卷四十四、四十五、四十六、四十七中收录了部分当时的作品，其中有些是从民间搜集的，大部分是后代文人的仿作。吴声歌曲内容丰富，据《乐府诗集》引《古今乐录》载：“吴声十曲，一曰《子夜》，二曰《上柱》，三曰《凤将雏》，四曰《上声》，五曰《欢闻》，六曰《欢闻变》，七曰《前溪》，八曰《阿子》，九曰《丁督护》，十曰《团扇郎》。……又有《七日夜》《女歌》《长史变》《黄鹄》《碧玉》《桃叶》《长乐佳》《欢好》《懊恼》《读曲》，亦皆吴声歌曲也。”《乐府诗集》中选辑的吴声歌曲，除了署名文人仿作的之外，无署名的作品如《子夜歌》等达342首。卷四十五《大子夜歌》唱道：“歌谣数百种，子夜最可怜。慷慨吐清音，明转出自然。”说明它是不假丝竹，出自内心，脱口而出，自然形成的妙音，证明它指的是“徒歌”，真正来自民间的吴歌。

南北朝时期的吴歌虽然通过《乐府诗集》获得了保存，但主要是用“官话”记录的，今天我们能见到的真正用吴音记录的吴歌是在唐末。据北宋钱塘（今浙江杭州）僧人文莹《湘山野录》中记载，开平元年（907），梁太祖即位，封钱武肃（镠）为吴越王。钱镠衣锦还乡，“高揭吴喉，唱山歌以见意”：

① 本文所引《乐府诗集》（全四册）为中华书局1983年版。

你輩见侬底欢喜，（原注：吴人谓侬为我）

别是一般滋味子。（原注：呼味为寐）

永在我侬心子里！

歌阕，合声赓赞，叫笑振席，欢感闾里。今山民尚有能歌者。①

从这三句歌词来看，确实是用吴语记录下来的山歌，加上注释更加确切地反映出吴音的特点。关德栋先生在为冯梦龙的《山歌》作序时，说它是“吴中山歌最初的记载”。“今山民尚有能歌者”，说明北宋时还有人能唱这首歌，关德栋先生进一步引证“南宋人袁褧《枫窗小牍》也叙及此事，其后并说：‘至今狂童游女，借为奔期问答之歌。’”② 可见此歌流传久远。

明代是吴歌发展的又一个高峰。明末苏州人冯梦龙辑录的《挂枝儿》《山歌》，全部用吴音记录，为我们留下了宝贵的资料。

“挂枝儿”是民间小曲的曲调名，兴起于明万历年间（1573—1620），起先流行于北方，后传播到南方，风靡一时。当时的“挂枝儿”流行情况，犹如现在的流行歌曲，也同于流行歌曲中所演唱的民歌形式，和真正意义上的吴歌（口传的山歌）还有所不同。但古人统称为“山歌”，因为它比较通俗，用吴地方言演唱，流布于吴语地区的市民之中。冯梦龙主要根据苏州市区的采录和整理，集成《挂枝儿》，共收录作品达435首（包括除正文外评注、附录中引用的作品），是明代民间时调小曲之集大成。

继《挂枝儿》后，冯梦龙又搜集了流行于苏州地区农村的吴歌作品，编成《山歌》，全书十卷：卷一到卷四为《私情四句》，即现在所谓的“四句头山歌”，卷五《杂歌四句》，卷六《咏物四句》，卷七《私情杂体》，卷八《私情长歌》，卷九《杂咏长歌》，卷十《桐城时兴歌》。共计实存歌词383首（包括评注引用的异文和桐城

---

① 容肇祖先生于1936年北大《歌谣周刊》第二卷第七期上，发表了《一千年前的一首吴音山歌》一文，介绍了这首最早的吴语山歌，容先生引证的是《学海类编》本的《湘山野录》。

② 冯梦龙《明清民歌时调集》（上），上海古籍出版社1987年版，第247－248页。

时兴歌在内）。

20世纪初，中国民俗学兴起。吴语山歌的搜集也是这次运动的重要组成部分。其中贡献最大的当属江苏籍的学者刘复（半农）、顾颉刚。

刘复（1891—1934），江苏江阴人。1919年8月，他利用暑假在家乡江阴收集歌谣20首，并在《歌谣周刊》第二十四号以《江阴船歌》之名发表。他所收集的民歌，全部以当地吴音记录，并在每首歌谣后作了音、义注释或加以考订。周作人称“半农这一卷《江阴船歌》，分量虽少，却是中国民歌的学术的采集上第一次的成绩”①。同时，《江阴船歌》也是中国现代最早的吴歌集子。

顾颉刚（1893—1980），吴县（今江苏苏州）人。早年在北京大学求学时，受刘半农等人的影响，开始关注歌谣。1918年，他回苏州养病，见到天天寄来的《北大日刊》上，时常有新鲜的歌谣，引发了他对家乡歌谣的兴趣，于是从家人、邻居、友人口中陆续搜集到200多首作品。1920年10月至12月在《晨报》上连续刊载了三个月。后又在北京大学歌谣研究会的《歌谣周刊》第六十四至九十五期上连续刊登了近一年。1926年出版了单行本《吴歌甲集》，分上、下两卷，上卷儿歌50首，下卷民歌50首。《吴歌甲集》受到了学术界的高度评价。

在刘复、顾颉刚的带动下，当时许多学人也开始致力于吴语山歌的搜集和研究工作。1928年李白英编辑出版《江苏情歌集》；1933年黄洁心编辑出版《湖州歌谣》；1933年由林宗礼、钱佐元编辑，由江苏省立教育学院出版《江苏歌谣集》（五卷本）。尤其是后者，发动学生搜集，汇集作品3000余首，按地区编成5卷，是当时吴歌搜集最全的。

1949年以后，吴歌的搜集整理工作逐渐从个体的自发性行为，发展成为国家层面组织的政府行为。主要分两个阶段：

一是20世纪五六十年代多次展开对民间歌谣的采风工作。如1952年8月，苏南文学艺术界联合会号召全区文艺工作者搜集和整

① 周作人《中国民歌的价值》，《歌谣周刊》第六号。

理民间音乐，其他各类文艺团体也纷纷下乡搜集民间歌谣，以丰富创作素材；1959 年，中国民间文艺研究会研究部和江苏省文联、文化局联合对常熟白茆新民歌开展调查等；1960 年 5 月至 8 月，上海组织力量赴郊区奉贤进行山歌的搜集工作。

二是20 世纪八九十年代的“三套集成”工作。1984 年5 月，中华人民共和国文化部、民族事务委员会、中国民间文艺研究会联合发出《关于编辑出版〈中国民间故事集成〉〈中国歌谣集成〉〈中国谚语集成〉的通知》，按照这个通知的要求，各地要编辑中国民间文学省、市卷本。这一活动极大地推动了吴语山歌的搜集和研究工作，由此展开了有史以来规模最大的吴歌普查采风活动，地域遍及吴语地区的各区县、乡镇、村落。这次普查采风的成果也是空前的，各区县、各乡镇都汇编了资料本。《中国民间歌谣集成·上海卷》后记介绍：“根据 1987 年 12 月统计，全市 350 多个街道、乡、镇编纂的民间文学集成资料本，共选收歌谣 23529 首，22 个区县编纂出版的歌谣分卷中，共收歌谣 5418 首。”其数量是极为可观的。同时还保留了不少录音带、录像带，许多著名的老歌手当时均已七八十岁，在搜集采访后不久就相继去世。

在全面普查采风的基础上，最终编辑出版了《中国歌谣集成》江苏卷、上海卷、浙江卷和《中国民间歌曲集成》江苏卷、上海卷、浙江卷，汇成了历史上搜集吴歌最全的资料。

“三套集成”结束以后，各地的吴歌搜集工作并没有完全停止，仍有部分地区在部分热心吴歌搜集整理的基层文化工作者的努力下，陆陆续续出版了不少吴歌的作品集子，典型的如《中国·白茆山歌集》① 《中国·芦墟山歌集》② 《中国·芦墟山歌续集》③ 《太湖渔歌》④ 等。

进入 21 世纪以来，我国开展了声势浩大的非物质文化遗产保护工作，2006 年，吴歌被列入第一批国家非物质文化遗产名录。各地

---

① 常熟市文化局、常熟市文化馆编，上海文艺出版社 2002 年版。

② 中共吴江市委宣传部等编，上海文艺出版社 2004 年版。

③ 张舫、许佳明主编，上海文艺出版社 2014 年版。

④ 金健康等主编，上海文艺出版社 2014 年版。

对吴歌的搜集、保护、传承工作也随之广泛开展。

二、吴歌研究史

吴歌的研究，大致可分为四个阶段。

（一）民国之前的吴歌研究

该阶段对吴歌还谈不上科学的研究，体现为个别文人或著作中的零星性描述和探源。如《乐府诗集》卷四十四引《晋书·乐志》中记载："吴歌杂曲，并出江南。东晋以来，稍有增广。其始皆徒歌，既而被之管弦。盖自永嘉渡江之后，下及梁、陈，咸都建业，吴声歌曲起于此也。"这是文献中首次对吴歌的分布情况和特点做出综述式的说明。

明末冯梦龙对吴歌的贡献不仅在于为后人留下了《挂枝儿》《山歌》两本集子，还体现在他对吴歌的认识方面。《山歌·叙山歌》中说：

> 书契以来，代有歌谣。太史所陈，并称风雅，尚矣。自楚骚唐律，争妍竞畅，而民间性情之响，遂不得列于诗坛，于是别之曰山歌，言田夫野竖矢口寄兴之所为，荐绅学士家不道也。唯诗坛不列，荐绅学士不道，而歌之权愈轻，歌者之心亦愈浅，今所盛行者，皆私情谱耳。虽然，桑间濮上，《国风》刺之，尼父录焉，以是为真情而不可废也。山歌虽俚甚矣，独非《郑》《卫》之遗欤？且今虽季世，而但有假诗文，无假山歌，则以山歌不与诗文争名，故不屑假。苟其不屑假，而吾藉以存真，不亦可乎？抑今人想见上古之陈于太史者如彼，而近代之留于民间者如此，倘亦论世之林云尔。若夫借男女之真情，发名教之伪药，其功于《挂枝儿》等，故录《挂枝词》而次及山歌。

从"叙山歌"中，可以看出冯梦龙是从文学的立场来评述吴歌的价值和功能的。他热情歌颂"真"文学，否定和鄙视虚伪的文学。"但有假诗文，无假山歌"，因此，可以"借男女之真情，发名教之伪药"。由此可见，冯梦龙对于"田夫野竖矢口寄兴"的吴歌，不是出于好奇和一时的兴趣，而是有深刻的感受和研究的。

（二）民国时期的吴歌研究

对吴歌的研究，严格意义上说是从这一时期才真正开始的。随着五四新文化运动的开展，以北京大学为中心的歌谣搜集整理研究成为其中的重要组成部分。吴歌也引起了学者们的关注。早在刘半农主管北大歌谣征集工作时，他就认为“当以‘比较’与‘搜集’并重”，并于1919年3月9日在北大作《歌谣之科学的报告》学术演讲，又发表《越谚序录》等论文。

这一时期最突出的当属顾颉刚的研究。当《吴歌甲集》在《歌谣周刊》上连续刊登后，他又陆续写出11篇《写歌札记》，如《撒帐》《妒花歌》《起兴》《儿歌比较一斑》等，一事一议，从多方面对自己搜集的百首吴歌作了探讨。他的《吴歌小史》发表于1926年11月的《歌谣周刊》第二卷第二十三期上，全文仅一万余字，却是吴歌研究的奠基之作，直到现在仍是吴歌研究者重要的参考文献。

顾颉刚是著名的历史学家，他将渊博的历史知识运用于吴歌的研究，对吴歌流传的地域、发展演变的历程、歌体的沿革等都作了详细的考证，故而文章一刊载，便受到学界的好评，说它“源源本本，实为治文学史者必读”①。读后“知道吴歌起源是很早的，一直流传下来，自有它的系统，实可同《诗三百篇》并驾齐驱的”②。

很可惜，同其他学科一样，随着1937年战事的爆发，吴歌的研究未能延续下去。

（三）1949年至20世纪80年代的吴歌研究

20世纪50年代初，钱静人曾带领一批音乐工作者在苏南采风，搜集到长歌《小狄庚》（即《小翟冈山歌》）等，以此为基础，出版了专著《江苏南部歌谣简论》③。该书介绍了苏南歌谣概况：第一，口头歌谣数量多；第二，风格朴素明快而又秀丽；第三，短歌最多，长歌也有，但不少化为地方戏曲。书中将苏南民歌分为“叙事的、抒情的、戏剧的三大类”，并予以详细介绍。最后提出了“研究人民

---

① 陆侃如《读〈吴歌小史〉》，《歌谣周刊》第二卷第二十八期。

② 顾廷龙《补〈吴歌小史〉》，《歌谣周刊》第二卷第三十三期。

③ 江苏人民出版社1953年版。

口头歌谣中必须注意的几个问题”：首先要分清敌我，分清精华和糟粕；第二要分清是非；第三艺术上要分清好坏。这种对吴歌横向面貌进行综合分析的研究是前人未及做的，无疑有首创之功，但其缺陷也很明显，即遵循“阶级论”的思路，显现了当时的时代特征。

1960年5月至8月，中国作家协会上海分会、上海群众艺术馆、上海文艺出版社组织民间文学工作者在市郊奉贤县进行吴歌调查，内部出版了长篇叙事吴歌《白杨村山歌》和《哭嫁歌》，以及《奉贤民歌调查报告》[①]。后者分为五个部分：奉贤县一般情况介绍、传统民歌、革命传统歌谣、新民歌、附录。传统民歌部分对吴歌的分类与分布、内容与形式、山歌班的产生及其活动等作了较为详细的调查和研究，附录部分则有主要吴歌形式曲调、白杨村山歌的传承谱系等，是吴歌研究史上第一份，同时也是一份非常扎实的调查报告。

（四）20世纪80年代后的吴歌研究

随着江苏省、浙江省、上海市民间文艺研究会（后改名为民间文艺家协会）的相继恢复，两省一市民间文学协作区也开始成立，吴歌研究成为其中重要的合作研究项目。自1981年以来，先后组织召开了六次吴歌学术讨论会[②]，初步统计在会上共发表论文171篇。这六次吴歌学术讨论会的研究论述范围比较广，大致涉及下列10个方面：

（1）吴歌的定义、范围、特征；

（2）吴歌的语言特色；

（3）长篇吴歌的形成及其时代背景；

（4）长篇吴歌繁荣的原因；

（5）长篇吴歌的人物形象；

（6）长篇吴歌的人民性；

（7）长篇吴歌与江南戏剧、曲艺的关系；

（8）长篇吴歌与吴越文化；

（9）长篇吴歌与江南民俗；

---

① 上海文艺出版社1961年内部出版。

② 第一次（1981年12月16—20日，苏州市），第二次（1983年5月30日—6月4日，吴县），第三次（1985年10月11—15日，无锡县），第四次（1989年10月6—11日，上海市），第五次（1991年6月23—25日，苏州市），第六次（1995年9月17—20日，苏州市）。

(10) 长篇吴歌与民间信仰。①

二十多年来，江、浙、沪两省一市涌现出了一批吴歌研究专家，如江苏省的金煦、朱海容、马汉民、张自强、易人、高国藩，上海市的王文华、姜彬、钱舜娟，浙江省的金天麟、朱秋枫等，他们都从不同的角度对吴歌的研究做出了贡献。其论文大多在国内外的一些著名刊物上发表，其中在上海民间文艺家协会主编的《民间文艺集刊》(后改为《民间文艺季刊》《中国民间文化》) 上发表最多。

有些学者的论文已结集出版，主要有：

天鹰②的《吴歌及其它》(论文集)③，代表论文如《吴歌研究提纲》《近代长篇吴歌中妇女形象的历史意义》《吴歌的衬字和叠句试探》《长篇叙事吴歌〈孟姜女〉的人民性》等。

王仿、郑硕人的《民间叙事诗的创作》④，是迄今为止研究吴歌最有分量的一本论文集子。王仿（即王文华）先生从上世纪 60 年代起就致力于吴歌的搜集和研究工作。到了 80 年代，他又长期深入吴语地区，进行长篇吴歌的搜集和调查研究工作，是这方面成就最突出的研究者。本书所收论文主要从文艺创作角度，研究汉族民间叙事诗的产生、流传和演变，研究它的创作方法和艺术上的特点；同时还探讨了民间集体创作中的个人因素，叙事山歌与戏剧、曲艺的关系等问题，其中除了第一篇《汉族民间叙事诗》外，其余都与吴歌研究有关，如《〈白杨村山歌〉源流考》《〈姐夫接阿姨〉的形成、变异与发展》《〈五姑娘〉的产生与流传变异》《试论红娘子的人物个性——兼谈叙事民歌〈红娘子〉的形成与发展》《集体创作中的个人因素——几部〈赵圣关〉长歌的比较》《山歌班对发展长篇叙事民歌的作用——有关〈朱三与刘二姐〉的调查报告》《叙事唱词与叙事山歌》《滩簧与吴歌》《论“吴格”》《吴越地区民间叙事诗概貌》等。这些论文的最大贡献表现在三方面：一是作者对作品的流传及分布情况非常重视，并在充分掌握各种异文的基础上尽可能地

① 参见钱舜娟《江南民间叙事诗及故事》，上海文艺出版社 1997 年版，第 1－10 页。

② 天鹰是姜彬先生的笔名。

③ 上海文艺出版社 1985 年版。

④ 上海文艺出版社 1993 年版。

梳理出传播的路线图，以及在流传过程中发生变异的情况；二是就叙事吴歌与叙事唱词、滩簧等说唱文学的关系问题作了开创性的研究；三是作者已经意识到了演唱环境与叙事吴歌发展之间的密切关系，并就山歌班作了初步探索。

还有钱舜娟的《江南民间叙事诗及故事》（论文集）[①]。作者对长篇吴歌怀有很深的感情，曾全力组织编辑《长篇吴歌集·江南十大民间叙事诗》；同时《华抱山》的整理出版也与她的积极努力分不开。本书大部分是她多年研究长篇叙事吴歌和采访歌手的文章，如《歌谣搜集史上的新阶段——长篇吴歌的发掘、整理、研究》《从〈五姑娘〉谈长篇吴歌整理的几个问题》《〈沈七哥〉与吴越文化》《〈薛六郎〉与江南婚俗》《〈白蛇传〉的优秀续篇——长篇船歌〈小青青〉》《孟姜女形象的新发展——谈长篇叙事吴歌〈孟姜女〉》《〈陈瓦爿〉与江南砖瓦业》等。她的文章的特点是比较注重从社会学、民俗学的角度来研究叙事吴歌，探讨吴歌与吴语文化的关系以及吴歌的社会功能。

金天麟的《田歌概论》[②]，是一部系统论述浙江省嘉善县吴歌的著作。作者长期在嘉善县文化宫工作，是浙江省吴语叙事吴歌的主要搜集整理者。自上世纪70年代中期以来，作者就一直深入嘉善农村搞采风，搜集民间故事和歌谣，采录到几百首长、中、短篇吴歌，嘉善地区的叙事吴歌几乎都是由他搜集的，如《大熬郎》《九接十八续》等，在采录的过程中同时进行研究工作。这是作者在长期田野调查基础上写成的一本有质量的著作。

无锡市文学艺术界联合会主编的《叙事史诗〈华抱山〉国际研讨会论文集》[③]，是两次《华抱山》学术会议上发表的论文的汇集，汇集了《华抱山》研究的主要成果，也是迄今为止唯一的一本以一首长篇吴歌为中心议题的论文集。《华抱山》的搜集整理者朱海容先生，是著名的民间文艺学家，他不仅搜集整理了大量无锡地区的民间文学作品（包括山歌、故事等），而且从事这些作品的研究工作。

---

① 上海文艺出版社1997年版。

② 西南师范大学出版社1995年版。

③ 时代文艺出版社2003年版。

无锡地区的各类叙事山歌几乎都由他搜集整理。他从上世纪 50 年代就开始关注《华抱山》。上世纪 90 年代又重新开始《华抱山》的搜集工作，找到了基本能唱完全歌的著名老歌手华祖荣，于 1997 年出版了《华抱山》第一集（6000 多行）、第二集（9000 多行），2007 年出版了《华抱山全集》，长达 20000 余行，该作品也成为叙事吴歌中最长的一首。该论文集中所收论文主要包括五方面的内容：一是《华抱山》的属性问题，即它到底属于英雄史诗还是民间叙事诗，大多数学者认为是英雄史诗，也有部分学者持比较谨慎的态度，在文章中把它作为民间叙事诗来研究；二是《华抱山》与其他史诗的比较；三是《华抱山》的价值问题；四是《华抱山》的艺术特色问题；五是《华抱山》与吴语文化的关系问题。

除此之外，影响较大还有由高福民、金煦主编的《吴歌遗产精粹》[①]《中国·吴歌论坛》[②]。前者分上、下两编，150 万字。上编“古今吴歌综述”，对不同时期的吴歌情况作了介绍和研究；下编“长篇叙事吴歌的发现和研究”，虽然只是主要汇集了苏州地区的叙事吴歌作品，但编者在每首作品之前都列出了相关的异文和研究文章，对于了解这些作品的全貌和解读作品有很大的帮助。由于金煦先生是著名的吴歌研究专家，长期从事吴歌的研究工作，所以本书选编的论文都是高质量的。后者则分史论、正名、吴文化与吴歌、长篇叙事吴歌的发现和研究、吴歌的特色、吴歌音乐、吴歌情爱论、吴歌调研、吴歌和戏曲、杂曲、歌手、吴歌展望以及大事记、资料索引等部分，收录论文近 100 篇，是目前为止最全的吴歌研究论文资料汇编。

同时，吴语叙事山歌的发现也吸引了外国学者，最突出的是荷兰学者施聂姐，她在中国留学期间，在吴语地区调查吴歌数年，曾 9 次到芦墟。回国后出版了 *Chinese Folk Songs and Folk Singers—Shan'ge Traditions in Southern Jiangsu*（1997 年）一书，她研究的主要是短篇吴歌，对歌手的细致调查为我们留下了宝贵的资料。

---

① 上海文艺出版社 2003 年版。

② 古吴轩出版社 2005 年版。

郑土有于2004年完成的博士论文《吴语叙事山歌演唱传统研究》，从吴语叙事山歌生存的语境入手，探讨叙事山歌生成的动力机制、歌手的养成、表演中编创的内在规律等，在学术理念、研究方法方面都有所突破，一定程度上深化了吴语山歌的内部机制研究，著名民间文学研究学者程蔷先生称之是“吴语山歌研究的一个转折点，标志着吴语山歌研究新阶段的开始”①。

以上是目前为止吴歌研究所取得的主要成就。由于受历史条件和学术研究进程的局限，吴歌研究在以下方面还存在不足：

一是对歌手的研究重视不够，如歌手的生活场景、歌手演唱的技巧、歌手的社会角色、著名歌手与长歌的关系。

二是对演唱环境的调查与研究不够，如对歌、赛歌、山歌班等方面的调查材料非常少，研究文章也很少。

三是对长篇吴语叙事山歌内部规律的研究较少。

四是研究视角、研究方法偏重于文学和社会学角度。

三、有关“吴歌”的论争

在吴歌的研究历程中，比较激烈的学术论争并不多，大致在以下三方面曾经有过不同的观点和争议。

（一）吴歌“界定”的讨论

第一，“吴歌”之名是否确切？对于流传于吴语地区的民间歌谣，不同时期的文人以及不同的学者有不同的表述，归纳起来主要有五种：“吴声歌曲”“山歌”“吴歌”“田山歌”“吴语山歌”。

“吴声歌曲”见于《乐府诗集》，以后基本不再采用。

“吴歌”一词也源于《乐府诗集》引《晋书·乐志》，唐诗中出现18次②。顾颉刚先生沿袭该称谓，他所搜集的作品集为《吴歌甲集》，所写的论文为《吴歌小史》。由于顾先生在学术界的影响，以及他所做出的贡献，因此“吴歌”很快便在学界流传开来。

“山歌”之称源自唐代，如吴越王钱镠“唱山歌以见意”，明代

---

① 程蔷《山歌里头有学问》，《青年报》，2006年2月19日。

② 孙逖、祖咏、常建、韩愈、杜牧、许浑、李商隐、温庭筠、刘兼各1次，罗隐2次，李白7次。

文人也多用“山歌”，如冯梦龙的《山歌》。

“田歌”或“田山歌”之称，开始于上世纪50年代，浙江省嘉善县以及上海市青浦、松江等地的文化工作者首先使用，其原因是这些区域是广袤的平原地区，没有山，认为称山歌有些名不副实，而这些歌是在田间劳作时所唱，称“田歌”或“田山歌”更为恰当。

笔者在田野调查中发现，绝大部分的歌手和民众并不知道吴歌为何物，问他们吴歌的事，也大多不知。为此又专门请教了苏州、常熟、吴江、无锡、南通、嘉善、青浦等地的民间文学专家和搜集整理者，他们一致认为在民间一直是称“山歌”的，演唱活动就叫“唱山歌”。冯梦龙搜集苏州地区的歌谣，书名就叫《山歌》，来自民间，应该可信。称吴语地区流传的歌谣为“吴歌”，不符合它在民间的称谓，笔者个人认为应该恢复流行于吴语地区歌谣在民间的原真称谓，称“山歌”。为了与其他地区山歌的区别，亦可称其为“吴语山歌”。

第二，关于吴歌的“内涵”。大多数学者认为吴歌是“吴语区域民间歌谣的简称”，但马骧先生在《吴歌释名》一文中提出：“从吴歌所属的地理范围来说……‘自江以南，自浙以西’——用现代语汇来说，就是苏南（包括上海）和浙北的杭嘉湖平原一带的民间歌曲。但是，是不是这一带地区的所有民间歌曲都可以称之为‘吴歌’呢？我认为不是。这一带地区民间歌曲的品类很多，从音乐体裁的角度来分类，有山歌、小调、号子、儿歌等多种。在这多种的民歌品种中，只有一个品种是‘吴歌’，那就是——山歌。其它如小调、号子、儿歌等种类都不能称之为‘吴歌’。明确地说，吴歌是‘吴地山歌’的简称，而不是‘吴语区域民间歌谣的简称’，它是一个歌种，而不是一个民歌‘体系’。”其理由是：“一、明清时期人所谓的吴歌，只是指吴地（不包括越地）的山歌，在当时的吴地，‘吴歌’‘山歌’是同义词。吴歌不包括当时在吴地流传的时调小曲（俗曲、小调）等其它民歌形式。二、现代的吴地民歌中，‘山歌’是明清时期‘吴歌’的直接传承。在现代吴地民歌中，只有山歌可以称之为吴歌，其他民歌品种都不具备吴歌的特征，都不是吴歌。三、在浙江，除浙北杭嘉湖平原以外的广大故越国腹地的山歌，在词、曲两方面都有着与吴地山歌不同的风格，‘越歌’不是‘吴歌’。”他认为“造成吴歌概念不清的原因，是否是因为‘五四’新文化运动以来，民间文艺专家们在研究民歌时往往把文学部分和音乐部分——即把歌词和曲调分割开来观察，忽视了两者是一个不可分割的整体；在民歌的分类中，往往只从它的文学题材着眼，而忽略了所不应忽略的音乐体裁，因而造成了‘吴歌’概念上的混乱”。① 马先生从音乐的结构、风格的角度提出自己的观念，应该说是有一定的道理的。但可商榷处也很多，如认为明清时期人观念中“吴歌”与“山歌”是同义词，而冯梦龙辑录的《山歌》中有许多作品，特别是私情长歌，并不符合马先生所说的吴歌特征；又说“‘山歌’是乡下人的叫法，‘吴歌’是‘读书人’的叫法”②，但从实地调查的情况来看，在吴语地区，乡下人对“山歌”的概念是很宽泛的，凡是以韵文形式唱的作品都称为山歌。同时，山歌能否与小调、号子、儿歌等并列为民歌的种类，学界也是有争议的。因此，直至今天，马先生的观点也未被研究吴歌的同行所认同。

（二）关于吴歌的“情”“色”问题

吴歌中多表现男女私情内容，而且描述较为大胆、直露，甚至有一些男女交欢的场景。从南朝“吴声歌曲”到明末冯梦龙搜集的《山歌》，以及现代的吴歌，都呈现了此鲜明的特色。这些“田夫野竖矢口寄兴”之作虽然受到民众的喜爱，却因为“情”“色”的问题屡遭当权者的禁止。如《山歌》几经禁绝，竟然失传了三百多年，直到1934年春上海传经堂主人到安徽徽州去访书，发现了明刻本的《童痴二弄·山歌》，才得以使之重新传世。③

历史上规模最大的一次禁毁发生在清代同治年间，江苏巡抚丁日昌于1868年4月发文查禁“淫词小说”，列出“应禁书目”110余种；查禁“小本淫词唱片目”，开列作品112种（1种重出）。在这之前无锡人余治（1809—1874）曾多次向当局呼吁查禁“诲淫诲

① 高福民、金煦《中国·吴歌论坛》，古吴轩出版社2005年版，第121页。
② 高福民、金煦《中国·吴歌论坛》，古吴轩出版社2005年版，第123页。
③ 参见高福民、金煦《吴歌遗产集粹》，上海文艺出版社2003年版，第38页。

盗”的小说戏曲，他编的《得一录》中便搜集了多种应查禁小说、戏曲的律令和乡规民约等。其中《劝收毁小本淫词唱片启》一文中说：“近时又有一种山歌小唱、滩簧时调，多系男女苟合之事。有识者不值一笑，而辗转刊后，各处风行。价值无多，货卖最易，几于家有是书。”他吁请“贤父母（指地方官）登高而呼，严禁刊刻，吊板销毁，立碑永禁，不许发卖。庶致搜罗净尽，永绝根株”。禁毁内容涉及四大类：俗曲、山歌、弹词段子和开篇、民间小戏。因为其他三类都与山歌有千丝万缕的联系，所以山歌是最主要的内容。据《山阳县禀尊饬查禁淫书并呈示稿及收买书目由》（载《抚吴公牍》卷七）记载，山阳县（今江苏淮安）收缴应禁书 50 余部，唱本 200 余本；江都、甘泉二县（均附郭扬州）搜索到 500 余部。①

至五四新文化运动时期，学者们对所谓的“猥亵歌谣”已经有了科学的认识，所以刘复、顾颉刚等人搜集吴歌并没有任何禁区。如《江苏歌谣集》林宗礼序中说该书“系供给国内同志研究之用……所以凡是搜集到的歌谣，不论他是有意义的，无意义的；秽亵的，不秽亵的；讪笑残疾有伤国民美性的，不伤国民美性的……我们都把他整个的保存、发表”。但很多人对此仍持否定态度，如钟敬文在中山大学编辑出版王翼之的《吴歌乙集》，就被校方以出版色情读物为名开除。

1949 年以后，吴歌中的情歌仍受到批评。比如 20 世纪 50 年代初期，当时在松江文工团任编导的叶至诚曾在松江采风中记录了分别长达千余行的长篇叙事吴歌《沈七哥》与《红郎偷小姨》，由于其内容与当时主导思想不符，一直由江苏省民研会②作为珍贵资料保存而未公之于世，后毁于“文革”③。尤其是“文革”时期，一些著名的歌手甚至搜集整理者都受到批判，涉及情色内容的作品无人敢唱。一直到上世纪 80 年代初，歌手对演唱情歌仍心有余悸。

---

① 车锡伦、金煦《清同治江苏巡抚丁日昌查禁“小本淫词唱片目”考述》，高福民、金煦《吴歌遗产集粹》，上海文艺出版 2003 年版，第 901 – 912 页。

② 江苏省民研会，前身是中国民间文艺研究会江苏分会，现已改为江苏省民间文艺家协会。

③ 金煦、陈泳超《吴歌研究七十年》，高福民、金煦《吴歌遗产集粹》，上海文艺出版 2003 年版，第 921 页。

真正对吴歌情色问题从学术视角进行比较科学研究的，是1982年第一次吴歌学术讨论会之后。绝大多数学者认为，对吴歌中的情歌以及对性的大胆直白表露，应从人性需要的角度、从吴语地区特定的社会文化（市民文化发达、女性地位相对较高、受儒家思想束缚较少等）中去探寻根源。而吴歌中对性的描写，大多用比喻的手法，有较高的艺术价值。如蔡利民《论长篇叙事吴歌中的性意识》中就认为："从某种意义上讲，长篇叙事吴歌中的'私情山歌'是一种对于'性解放'的呼唤。它呼唤性从封建伦常的束缚下解放出来，从神秘观与罪恶感下解放出来，从扭曲与压抑的状态下解放出来，从虚伪与假道学的伪装下解放出来，让它多一点人情，多一点欢悦，多一点崇高，多一点瑰丽，少一点兽性，少一点悲苦，少一点伪善。但它所呼唤的性解放，不是性的放任与性乱交。'私情山歌'的进步意义，便在它从迄今为止令人掩目的性生活中，试图揭示出人生与社会最朴素的真理。"① 当然也有些学者持"精华糟粕并存论"的观点。

（三）长歌真伪之争

1981年12月16日—20日，江苏省、浙江省、上海市两省一市民间文学协作区在苏州市召开第一次吴歌学术讨论会。在这次会上，首次推出了长篇叙事吴歌《五姑娘》（苏州）、《沈七哥》（无锡），两首作品都有两千多行，引起了与会专家学者和新闻界的重视，认为这两首长篇叙事山歌的发现，打破了长期以来认为汉族没有长篇民间叙事诗的论断。尤其是《五姑娘》，在1982年第3期《钟山》上全文发表后，引起了很大的震动，国内外30多家报刊发表了作品节选或新闻通讯。同时引起了一场真伪问题的大争论。

争论的焦点集中在四方面：一是浙江嘉善、上海青浦等地都只搜集到《五姑娘》的"十二月花名调"，为什么唯独江苏吴江芦墟挖掘出长达两千几百行的《五姑娘》长篇叙事吴歌？二是芦墟其他歌手大多只会唱《五姑娘》的片段，难道陆阿妹就能唱得那么长、那么完整吗？三是《五姑娘》长歌中有的段子和民间广为流传的短山歌十分接

---

① 载高福民、金煦《吴歌遗产集粹》，上海文艺出版2003年版，第938页。

近，是不是整理者把短山歌拉过来凑进去的？[①] 四是《五姑娘》会不会是从唱本中移植而来的？总之，有少数人担心《五姑娘》不是真正民间流传的口头文学原貌，而是整理者通过拼接“制造”出来的。

但这场争论基本上在学界内部展开，我们今天几乎找不到公开发表的论战文章。金天麟先生在《关于田歌〈五姑娘〉的调查报告》一文中指出，通过对嘉善地区的调查，认为：（1）《五姑娘》是根据当地一桩真实的新闻故事，通过田歌手以十二月化名形式口头创作而产生的。（2）一百余年来，《五姑娘》广泛流传，经久不衰，这说明优秀的民间文学作品，必然是有深刻的人民性，深受劳动群众的欢迎、喜爱的；而流传性、传承性正是优秀民间文学作品的必然具备的特征。尽管它有某些变异，但没有发现变异较大的《五姑娘》短、中、长歌的线索，这对于研究民间叙事式的特征很有启发。（3）……[②]比较委婉地对长篇《五姑娘》提出了质疑。

但从一些学者之间的通信来看，这场争论还是非常激烈的。例如著名民间文艺家贾芝先生 1983 年 5 月 15 日给《五姑娘》搜集整理工作主要组织者苏州金煦先生的信中说：“关于《五姑娘》的问题……我连续几次收到嘉善县文化馆同志的来信及批评文章，认为《民间文学》发表的《五姑娘》是编造的，并附了他们搜集到的已发表的几份民歌记录稿。我将来稿与信件转到了民研会。几个地方都有流传这一叙事诗，很可能流传不同，但不知整理中究竟有多少加工？您曾说编印资料，我以为是对探讨长篇叙事诗的记录整理是很必要的。你们去年开学术讨论会时，不知有争论否？……”[③]

为了弄清事实真相，1986 年 4 月，上海、浙江、江苏以及北京的部分学者召开了一次实地考察调研的会议，到吴江、青浦、嘉善实地了解情况，在吴江会见了陆阿妹等老歌手，聆听了他们的演唱，在嘉善也会见了许多优秀的歌手，开了演唱会。这次活动基本上澄清了一些事实，特别是大家亲耳听到陆阿妹的长歌唱段后，心服口

---

① 钱舜娟《〈五姑娘〉引起的争论及我们的调查研究》，《江南民间叙事诗及故事》，上海文艺出版社 1997 年版，第 16 – 24 页。

② 载高福民、金煦《吴歌遗产集粹》，上海文艺出版 2003 年版，第 191 页。

③ 载高福民、金煦《吴歌遗产集粹》，上海文艺出版 2003 年版，第 328 页。

服。但有些没有到过吴江实地考察的人，仍心存疑惑，也有少数人坚持自己的看法，不承认有长歌《五姑娘》。[①] 钱舜娟在《从〈五姑娘〉谈长篇叙事吴歌整理的几个问题》一文中指出：“核对了《五姑娘》的全部记录资料，可以看出整理者基本上保存了原诗的风貌，保持了江南人民创作的真实性和艺术性。油印的初步整理稿共约二千九百行，百分之九十以上有资料依据。由整理者增添、填补，找不到资料依据的约有二百行，主要集中在第六章阿天受难及尾声。”[②]

自《五姑娘》的真伪争论之后，在吴语地区，又相继发掘了《赵圣关》《鲍六姐》《孟姜女》《林氏女望郎》《严家私情》《红娘子》《魏二郎》《朱三与刘二姐》等三十多部中长篇叙事吴歌，形成了一个叙事吴歌集群。争论逐渐平息。

到90年代中期，篇幅更长的《华抱山》的出版，又引起了一定范围内的争论。

长篇叙事吴歌之所以不断被怀疑真伪，事实上是学者们普遍关注文本本身，对其编创特点和演唱场景缺乏了解和研究所造成的。

长篇叙事吴歌是在短山歌基础上逐渐丰满、发展起来的，歌手编创长歌的主要手段是“调山歌”，而编创的材料则是各个层次的套式。叙事吴歌从来就没有固定的文本，是歌手在“盘歌”和“演唱”两个过程中编创而成的，一次演唱过程的结束就标志着一次编创的完成。我们现在所记录的、所见到的所谓“文本”仅仅是一次演唱过程中“瞬间的定格”。所有这些完全符合口头叙事诗的特点。

长篇叙事吴歌一次连贯演唱的机会较少，大多数情况下只能一套一套演唱，每“套”可以单独唱，也可以“连牢唱”，这就形成了叙事吴歌结构松散、弹性大的特点，容易让人产生是搜集整理者“拼凑”的误会，但这也正是它的主要特色之一。[③]

（作者为复旦大学中文系教授）

① 载高福民、金煦《吴歌遗产集粹》，上海文艺出版2003年版，第329页。

② 钱舜娟从〈五姑娘〉谈长篇叙事吴歌整理的几个问题》，《江南民间叙事诗及故事》，上海文艺出版社1997年版，第29页。

③ 参见郑土有《吴语叙事山歌演唱传统研究》，上海辞书出版社2005年版。

冯梦龙法治实践及无讼传承

——以实践逻辑、时代逻辑为视角

林松涛

冯梦龙宦寿知寿四年间，怀菩萨心肠，行金刚手段，不单有廉吏、能吏、循吏的特点，更像是来自苏州的一尊菩萨，四大菩萨道场大慈、大智、大行、大愿的品格兼而有之。本文尝试从法治角度来解读冯梦龙的菩萨事业，从四大法治实践、“三无”治县纲领和“两创”无讼文化这三个方面进行阐释。

一、实践逻辑：冯梦龙的四大法治实践及由此取得的恶风顿息、虎患消除、牢房尽空和公署清闲的成效

从1983年寿宁县干部陈煜奎发现日本上野图书馆藏有《寿宁待志》孤本的线索开始，三十多年来，不少研究者使用了政治、施政、善政、勤政、廉政、吏治、治理、法制等多个概念，力图通过转换视角来开拓宦寿“冯学”新领域。其中，冯梦龙治理文化这一概念，就是笔者在2014年“中国·寿宁冯梦龙文化高峰论坛”上首先冒昧提出的。“以法治国”最早是齐国管仲提出的，法治作为拨乱返治、救世济时的一种重要治理方式，从来都是文明赖以存在的基础。以治理为主旨、要务，更是中国古代法治思想的精华所在。党的十八大推出“全面推进依法治国”这一命题，并提出依法治国新16字方针：科学立法、严格执法、公正司法、全民守法，今天就按这个顺序来讲，考察人治时代偏僻山乡的法治，保守地讲只能称之为法治萌芽，就像当时另一种叫资本主义的萌芽在苏州出现一样。巧合的是，2017年8月中央电视台播放了六集政论专题片《法治中国》，第二集的题目就叫《大智立法》。

（一）大智立法，取得“此风顿息”、渐止的效果

历史上，中华文明曾处于世界之前列，独领风骚长达1500年，国民生产总值长期领先于世界，出现了若干个盛世；与其相适应的中华法系，是世界五大法系之一，博大精深，源远流长，为人类法治文明做出了巨大的贡献，其先进性、科学性受到相邻各国的效仿，曾经作为人类的智慧结晶覆盖东亚儒家文明圈，是日本、朝鲜、越南的母法，后因西方文化强势进入，日本率先移植德国的法律，清末“新政修律”时引进了一系列西方司法理念、制度而趋于瓦解。中华法系又称“律令体系”，有着引礼入法、礼法合治、德主刑辅、重刑轻民、以和为贵、情理法相结合等特点，而且诸法合体，立法权完全属于中央，行政机关兼理司法。冯梦龙作为寿宁县令，兼任当地公检法三长的职责，整个体制是立法、行政、司法不分。

1. 以智慧治理政务

《智囊》初编于明代天启六年（1626），冯梦龙在三径斋小楼用了近两个月辑成，后在寿宁赴任途中又作增补，全书共收上起先秦、下迄明代的历代智囊故事1238则，依内容分为十部二十八卷。其中，涉及治理智慧的就占了六部，《上智》《明智》《察智》所收历代政治故事表达了冯氏的政治见解和明察勤政的为官态度，《胆智》《术智》《捷智》编选的是各种治理政务手段的故事。其实，中国诸子百家殊途同归，“皆务于治”，孔子以降历代读书人议论最多、用心最切的也是关于治理的得失成败，将治理的智慧凝练、提升为法律，则是上层统治者真正要做的事。

2. 颁发《禁溺女告示》

寿宁三百多年前是“地僻人难到，山多云易生”的小县，这里“岭峻溪深”，“山高水寒，树获俱后于他县”。当时就流传着溺女婴的陋俗，对这一野蛮落后的“薄俗”，冯梦龙一边出告示，设厉禁，一边捐俸以赏收养者。

禁溺女告示

寿宁县正堂冯，为严禁淹女以惩薄俗事：访得寿民生女多不肯留养，即时淹死，或抛弃路途。不知是何缘故？是何心肠？

一般十月怀胎，吃尽辛苦，不论男女，总是骨血，何忍淹弃？为父者你自想，若不收女，你妻从何而来？为母者你自想，若不收女，你身从何而活？况且生男未必孝顺，生女未必忤逆。若是有家的，收养此女，何损家财？若是无家的，收养此女，到八九岁过继人家，也值银数两，不曾负你怀抱之恩。如今好善的百姓，畜生还怕杀害，况且活活一条性命，置之死地，你心何安？今后，各乡、各堡但有生女不肯留养，欲行淹杀或抛弃者，许两邻举首，本县拿男子重责三十，枷号一月，首人赏银五钱。如容隐不报，他人举发，两邻同罪。或有他故必不能留，该图呈明，许托别家有奶者抱养。其抱养之家，本县量给赏三钱，以旌其善。仍给照，养大之后，不许本生父母来认。每月朔望，乡头结状中并入"本乡并无淹女"等语。事关风俗，毋视泛常，须至示者。

冯梦龙的《禁溺女告示》不仅是一则很有特色的文告，也算是一部地方性行政立法，更可以说是一篇向封建习俗、向等级特权思想发起战斗的檄文。其中所体现的为妇女争取生存，反对重男轻女，提倡生男生女一样好，男女平等的民主进步思想值得后人学习和借鉴。

在禁巫活动中，冯梦龙也是一边颁布政令，一边捐俸送药，恩威并济，乡民们巫风渐止。尤其是面对麻风病流行的现状，他毅然采取隔离传染措施，发出杜绝野蛮烧死活人的限令，集全县中医中药全力治疗的做法，挽救了很多人的生命，一举改变了当地信巫不信医的陋俗。由于当时信息、交通不发达，告示往往成为官府向民众公布政令、法令及其他事项的重要补充，笔者个人倾向于把这两个具有法律规范性、强制性约束内容的禁溺禁巫告示归为地方性法律的范畴。

（二）大行执法，至少起到了虎患消除的成效

冯梦龙另一个身份是经学家，以治《春秋》见长，编有《麟经指月》（"麟经"即《春秋》）《春秋衡库》《春秋定旨参新》《别本春秋大全》《四书指月》等书。在诸多经学中，《春秋》之治重在法

天立政，经世致用，成就中兴太平伟业。冯梦龙把治县当作治国的试验田，一展平生所学和远大抱负，很好地继承了运用法律进行治国理政的传统，做到了法定职责必须为，法无授权不可为。

1. 真抓实干，马上就办

他一上任，就着手重建县城的四门谯楼，修筑城墙，修复东坝；接着修缮监狱、仪仗库、黄册库、粮仓、四知堂、名宦祠、学宫、马仙宫，新建銮驾库、戴清亭、天地坛、关帝庙，设立遗爱公所。而且，还重建关隘，加强武备；聘请教师，训练民兵；标明铺名，方便行人；详造户籍，完善征收；学习良法，储存粮谷。

2. 有事无事，俱抱苦心

他提出一些计划、设想。如：设立名宦祀典以激励后来官员，利用银矿军饷招募隘兵以加强守备，通过交换钱粮跨县管辖政和境内八铺以畅通铺递，招收一名仵作以减轻诉讼当事人经济负担，修复乡下四个粮仓以方便乡民输送粮谷，修建几间茅屋以收养传染病患者，改革盐策以解决吃盐难问题，改革币制以解决银钱成色不足、分量不足问题。此外，向上司条陈十三款，详细说明大造黄册、迎新送旧、升科考成等政事弊端，并提出改革意见。

3. 大事小事，俱用全力

对官府的赋税恩典、银粮往来、操办收支，冯梦龙敢于亮家底、晒清单。他在《寿宁待志》中详细罗列了万历二十年（1592）之后朝廷加派的各种赋税、裁减的各类开销，共六十五项；罗列了泰昌元年（1620）以后朝廷减免百姓的赋役钱粮，共七项。一项一项，一厘一毫一丝，历历在册。其他关于谷物储存运输、民兵粮饷增减、工程建设开支等情况，也大多记载得十分清楚，不做糊涂账，不浑水摸鱼，把权力关进制度的笼子里。

4. 依法执政，消除虎患

冯梦龙到任当天就听说，西门有老虎逞凶为患，被伤害的人已逾百名，农家的猪犬禽畜夜间常被老虎叼走，百姓惶惶不可终日。冯梦龙闻此忧心如焚，决意采取措施，根绝虎患。他带着贴身衙役，爬山越岭，走村串巷，寻访除虎能手。平溪有个姓周的猎户，善于制作捕虎的木“阱”。那阱的规制好像一间小屋，里面又分为左中右三间，内外都用粗大的木梂隔开。把羊关在左右两间，作为引虎的诱饵，空着的中间一间设置机关，老虎触动机关，阱的两个闸门一起落下，老虎便被捕获。冯梦龙捐俸制造了几架捕虎的“阱”，设置在老虎经常出没的地方，并规定捕获一虎，奖银三两。半年之间，在山后、溪头、平溪之处连续打死三只老虎。从此以后，寿宁境内彻底解决了虎患。

国正天心顺，官清民自安。我们可喜地看到，冯梦龙带领一班人以干得助，“以勤补缺，以慈辅严，以廉代匮”，打造了一个济世安民、规范有序、廉洁高效的政府。他还将自己的施政活动和治理感悟以独树一帜的方式作了固定——用第一人称写成《寿宁待志》，以供后人经世资治。

（三）大愿司法，取得了“牢房时时尽空”的成效

抛开当时的社会经济政治体制不合理性和历史局限性不说，经过上千年的大浪淘沙，明朝统治者积累了丰富的治国理政经验，司法制度的构建更是集聚了前人的智慧。中央司法机关是刑部、大理寺、都察院，合称三法司，相互分工并形成监督制约关系；省设提刑按察使，掌一省刑名按劾之事；府、县则由一把手兼理。冯梦龙到寿宁时，司法环境非常不好。他旧案不推托，难题不回避，每办一件案件，都做到精调查、重证据，心里存着一个很大的愿望。福建冯学研究第一人——王凌老师和笔者都认为，在冯梦龙的司法实践中，贯穿了十分可贵而明确的四大法制理念：“一念为民”的内在动力，“不求名而求实”的处世作风，坚守廉洁自律的道德规范，实行综合治理的施政纲领。（详见《冯梦龙司法实践及法制理念的当代价值》，载 2016 年 10 月 17 日《光明日报》）这主要是从群众路线实践教育角度来看待的。

1. 明断讼案

如审理青竹岭人姜廷盛诬陷案。姜廷盛状告刘世童抢了他的钱粮，砍伤他的弟弟，而且有人为证。刘世童辩护说是姜廷盛砍伤弟弟，借机敲诈他。冯梦龙看出事有蹊跷，当即叫双方取保候审。次日，冯知县对外说有事拜客，却出县城抄小路直奔案发地。问了很多老人孩子，都说是姜廷盛砍伤自己弟弟。进一步调查得知，姜廷

盛和刘世童曾有过节，姜又憎恶自己的残障弟弟不会干活只会吃饭，就特地带着弟弟来刘家寻衅滋事，企图借机打死弟弟嫁祸于刘世童。没想到刘世童不跟他打，姜廷盛恼羞成怒，抓起附近肉案上的杀猪刀扔向弟弟，正中弟弟额头，血流满面，姜廷盛抹了一些血涂到自己身上，就带着弟弟来县衙告状了。案情水落石出。冯梦龙迅速把姜廷盛抓捕归案，重重杖打，并责令他把弟弟带回家治愈创伤。“若不死，许从宽政，否则尔偿!”姜廷盛计穷，小心调养、照顾好弟弟，遂得无恙。冯梦龙总结说：“始知天理所必无，未必非人情所或有也”，“假使余不躬往或往而不密，必为信理所误矣”。

2. 打击地霸

冯梦龙的司法理念中有一条是“旧案不推托，难题不回避”。泗洲桥陈伯进因与盗通家，恃其口舌，遂为一方之霸，其屡次杀人作案都因为向有司行贿而脱罪。其所在的泗洲桥成为一个“民极顽、欠粮、拒捕、窝盗、贩盐，无所不至”的村庄，派县里官差去，陈紧闭大门，从楼窗上往下倒开水，致使官差溃面而返，冯县令亲自前往缉拿，陈伯进则纠集其他乡村的恶霸共同对抗。随后，冯县令想了个办法，一边施放烟幕弹，放话去建宁府办事，让陈不设防，一边从政和调取府兵，在回县衙途中往泗洲桥杀了个回马枪，两边夹击，亲手将陈缉拿治罪。最后，提请上司把泗洲桥公馆改为巡简衙门，把无用之官变为有用，收化外之民归于化内，颇有开拓之功。

3. 注重调解

对于一些社会纠纷，根据实际情况，采取司法调解，也不失为化讼、无讼的好方法。寿宁民间流传的冯梦龙断牛案，就是典型的例子。西浦的两个村庄土地相邻，平时就因小事摩擦而发生过吵架乃至械斗等纠纷。有一次双方牧童放牛不慎，引起两村之牛相斗而出现“一死一伤”的结局。旧怨加上新隙，双方村民又由争辩到吵架，如不及时制止，一场更大的械斗难以避免。冯梦龙得知后，亲往现场了解情况，并在西浦的“官厅”（知县下乡现场办公之地，今遗址尚存）及时下发调解文告，“两牛相争，一死一生，死者同吃，生者同耕”。这种由县官作出的文告，在当时就是带有强制性的司法调解文书，由于符合纠纷实际和当地民情民俗，发挥了由“化讼”到“息讼”的作用，故冯梦龙断牛案在民间口耳流传，至今仍为百姓津津乐道。

我们还注意到，冯梦龙十分关注社会治安，曾组织民众抗击匪患。上任之初，他发现寿宁原先兵壮名额两百名，以后逐渐裁减为一百名，又被分派各种杂务，“虽谓之无兵可也”，由于粮饷不足，“县壮素不娴武”。为此，冯梦龙亲自抓兵壮训练，“月必亲试，严其赏罚，人知自奋”。在冯梦龙的治理下，三间重监囚室和三间轻监囚室都“时时尽空，不烦狱卒报平安也”。

（四）大慈守法，取得了公署清闲的理想效果

传统中国，往往将重法、守法、从法作为评估治与否的特征和标志，重法从法谓之“治”，毁法弃法即为“乱”。而现在的理解，一个地方能否称得上法治社会，至少要符合两点：当地有至高无上的良法，良法得到所有大众无例外的一体遵守。政府是权力主体和管理者，如果缺乏行之有效的制度约束，极易主观行事。只有将整个行政决策、执行及监督过程都纳入法制化轨道，用法律加以固定，才是法治政府。当时，由于有高高在上的皇权和林林总总的等级特权，离法治有点远，讲法治有风险。全民守法肯定做不到，我们只能通过考察冯梦龙所领导的官府守法、普法情况，当时老百姓遵守王法宗法以及对治安审判的满意程度，还有后人的评价，来捕捉法治传统熏陶下的现代法治萌芽。

1. 以礼入法，以案普法

除了颁布移风易俗的告示外，冯梦龙还旌表乡贤，昭示恶人，从正反两方面引导百姓向善之举；兴文立教，颁发自编教材，开设月课，亲自讲学，在谆谆教诲中激发学子的进取之心。审结土豪陈伯进一案后，冯梦龙认为：“今虽申究问徒，未蔽其辜，终当以丹书垂戒。”也就是说，他更注重如何发挥典型案件的“垂戒”作用。于是，他把陈伯进一案详细写入《寿宁待志》，希望“以惕其余”。

2. 廉洁奉公，清正为民

按大明律令，正七品官员年俸是九十石米，相当于当时的四十五两白银，俸禄之低在历史上排名靠前。在上文提及的重建县城四门谯楼、修筑城墙、修复东坝、修葺学宫、修建天地坛和关帝庙等

事项中，冯梦龙都积极捐钱办事，尤其是修葺学宫一项，为突出教化作用，他一人就捐助了二十几两银子，相当于自己半年的薪水；他不但自己捐，还带动别人一起捐。实在令人赞叹！

3. 政简刑清，好评如潮

由于冯梦龙在明末乱世中很大程度上实现了其在“三言”中描写的“吏肃惟遵法，官清不爱钱。豪强皆敛手，百姓尽安眠”，一度开创了难得的太平景象，赢得了颇高的声誉。与冯梦龙交好的著名诗人钱谦益，称赞冯是“晋人风度汉循良”；后世官修地方志把冯列为“循吏”，评价他“政简刑清，首尚文学，遇民以恩，待士有礼”。冯梦龙给寿宁留下了什么？文从简礼赞冯“桃李兼栽花露湿，宓琴流响讼堂清”。寿宁“借先生如椽之笔，一一咏题，则山增而高，水增而深。邑不能为令重，而令实为邑重侈矣”。徐𤊹说，“早起坐堂皇，理钱谷，簿书一刻可了”，“计闽中五十七邑令之闲，无逾先生”，“政平讼理，又超于五十七邑之殿最也”。（徐𤊹《寿宁冯父母诗序》）冯梦龙自言“山城公署喜清闲，戏把新词信手编”，在政务之余，他还创作了诗集《游闽吟草》、剧本《万事足》等，真是“忙者不会，会者不忙”！晚年赋闲之后，他挺身为反清复明奔走呼号。那时的大明王朝已大厦将倾，金瓯欲裂，冯梦龙无论如何想着忠君报国为民，最终都注定在历史的轮回演进中失去现实依托，让理想缥缈无着。

束其法绳，可使无犯。冯梦龙用行动为我们留下了“三言”之后的“治世良言”——要“为官一任，造福一方”；要悲智双运、知行合一，救群生之乱，去天下之祸；要以治理为中心，不断丰富中国传统法治思想的理论体系和实践途径。

二、时代逻辑：冯梦龙治县的四个伟大实践及给后人带来的有益启示

冯梦龙根据时代特征和其他县域发展规律，结合寿宁“岭峻溪深，民贫俗俭”的特点、现实需要及面临的迫切任务，提出了一个治县纲领：“险其走集，可使无寇；宽其赋役，可使无饥；省其谳牍，可使无讼。”这个纲领包含着三大目标：“无寇”“无饥”“无

讼”。三大目标之间存在着紧密的内在联系，“如果说‘无寇’是善政得以顺利实行的大前提，‘无饥’是善政的根本要求，那么冯梦龙进一步提出的‘省其谳牍，可使无讼’就是善政的全面实行和‘无寇’‘无饥’所带来的必然结果”。这“三无”纲领连同前面提及的伟大法治事业，是冯梦龙工作思路和实践的总纲，构成了冯梦龙治县的大格局、大战略、大逻辑。

（一）伟大工程：天下无寇

寿宁位于闽浙边陲，素称“两省之瓯脱，五界之门户”，“地僻人难到，山多云易生”。原为福建省政和县与福安县之地，元末明初之后，因“境有大宝坑银场，每为温、处流民盗采，并肆摽掠。景泰初，洞蛮郑怀茂拥众啸聚于官台山作乱。朝命都御史刘广衡发兵剿之”（明嘉靖《建宁府志》）。明景泰六年（1455），朝廷为长治久安计，割两县之地建寿宁县。嘉靖年间，倭寇三次犯寿，烧杀掠夺，为祸惨烈。可见寿宁史上寇患频仍。

冯梦龙刚上任就发现，寿宁“城囿万山之中，形如釜底，中隔大溪。向虽树栅，终不能阻，所恃者隘耳，然仓库、狱囚以城为栏。自遭倭残毁，知县戴镗请加增筑，不果。从此日就崩塌，四门荡然，出入不禁”。全县有三关十六隘，“隘废而出入无讥，兵裁而训练无质”，形同虚设。这些都是重大安全隐患！

冯梦龙在赴闽途中曾修订完成《智囊》一书，其《兵智部》中记载一则筑城防寇的史实，冯评曰：“要紧。”到寿宁后，他“初莅任，即以忧深牖户，万难坐视事，申请各台蠲俸蠲赎，重立四门谯楼，城之崩塌处悉加修筑”，“又置大鼓一面，设司更一名，于县之门楼。又修复东坝，蓄水数尺于城内，规模亦似粗备矣”。

针对“各隘扼要而居，山径尺许阔，高下曲折，非用武之地。虽有长枪大戟，无所用之”的特点，冯梦龙提出守备之策：“守隘之具，铳第一，弩次之，虽弓矢亦不逮也。多蓄硝磺，此最紧着。”三关十六隘中，车岭关、绝险关、铁关和院洋隘合称“四隘”，最重要，当年倭寇即由此北上，故冯梦龙提出“三关联络”“并防院洋”的策略，可保南路万全。具体在车岭关，他根据地势险要、常有不法之徒潜伏于此干坏事的情况，因地制宜利用岭头小庵，“招庵主，使之增葺墙屋。复给资，令垦荒田数亩，行道稍不寂寞”；并计划把小庵作为物资、粮草、火药的外库，万一需要增兵守卫，即可驻扎于此。寿宁原有二百名民兵，因时局动荡，屡经裁减只剩一百名，需承担各项事务，且粮饷一再克扣，冯梦龙到任时感到几乎无兵可用。他采取了两项措施，一是加强练兵，“立正教师一名，副教师二名，专主教训。月必亲试，严其赏罚。人知自奋，有稍暇即往演习”；二是计划招兵，“今四隘新复，欲于附近处团结隘兵”，以加强守备力量。可见冯梦龙非常重视安全守备问题。

防寇为造一方平安之境。冯梦龙治理期间，寿宁没有发生过重大影响社会安定稳定的事件，可知其“无寇”目标已然实现。他把老百姓平安放在第一位，注重对重点领域、重点部位、重点环节施以“人防”“物防”“技防”措施，注重深入群众、依靠群众、发动群众，令人称道。

（二）伟大斗争：天下无饥

国以民为本，民以食为天。冯梦龙在《智囊》中认为：“自古攻守之策，未有不以食为本者。”主张赋税要以民为本，增减因时而异、因地制宜；反对“税外横取”“无名之敛”。

寿宁九山半水半分田，立地条件恶劣，老百姓以务农为本，凿石作田，计苗为亩，农业生产十分困难；山高水寒，一年一熟，粮食收获十分微薄。加上水旱频仍，庄稼时常绝收，“一值水旱，外运艰难，立而待毙”。大明王朝末年内忧外患，狼烟四起。寿宁虽偏安于一隅，但战事影响早已波及，“万历季年以后，海内多事，征解日急”，朝廷征收各种苛捐杂税不断增多，“民无余欠，库无余财”；老百姓的生活处境十分悲惨，外逃严重，成年男子大半跑到浙江一带种植苎麻以养家糊口。冯梦龙的诗歌就是真实写照：“穷民犹蹙额，五月卖新禾。”“带青砻早稻，垂白鬻孤孙。”

面对此情此景，朝廷最利民的恩典是“蠲免钱粮”，官府最惠民的政策是“宽其赋役”，但这些实际上都很难实现。冯梦龙坦承：“不能天雨粟，未免吏呼门。聚敛非吾术，忧时奉至尊。”他除了哀叹“寿邑之贫”“寿令之难”“寿民之艰”，祈盼“安得烽烟息，敷天颂圣恩”，也寄希望于当权者对老百姓“稍垂怜于万一”。显然，他在自己力所能及的范围内对老百姓“宽其赋役”。但最切实的办法还是修仓贮粮，以备不测。他查旧志，得知县衙幕厅前际留仓、预备仓共六间，其中两间已毁，余下四间“一扫如空”，全无存粮；县城东边的一所社仓变成观音堂，早已废弃；乡下有四所社仓，均已废弃。他学习前令戴镗的贮银输谷良法，让“官无发粜之扰，民有乐输之便”，使得县仓“三年以来，储俱见谷”，这样就可以应对灾荒，确保“无饥”了。他还计划修复乡下的四所社仓，让老百姓就近输仓，就近领籴，免除“跋涉负担之劳”。凡此种种，皆为民生，力使“无饥”。

助民者天亦助之。冯梦龙宦寿第三年，寿宁出现罕见的祥瑞景象。一是竹子生米，“遍山皆竹米，形如小麦。值米贵民乏食，取而粉之可粥，舂之可饭。于是，阖邑竞采，多者或盈数仓，转以发粜，每石价一金。凡出竹米数千斛，民赖以济”。奇异的还有，“惟寿境则有，越境绝无矣”，简直是天佑寿宁。二是禾穗分岐，这一年“年臻大有。渔溪一带，禾穗竟有两岐、三岐者”。他高兴地赋诗颂竹米：“不意龙钟态，翻成凤食祥。剖疑麦子瘦，开彷稻花黄。无禁携筐便，相宜入爨香。此君生意在，暂槁亦何妨。”赋诗颂瑞禾：“簌簌迎风重，垂垂浥露多。分岐珠累串，合影玉联窝。已卜鸡豚饱，无劳鸿雁歌。”并由衷慨叹：“余虽无善政及民，而一念为民之心，惟天可鉴。民贫粮欠，或天所以哀寿而宽拙吏之责与?”拳拳之心、殷殷之情跃然纸上，令人动容。

（三）伟大梦想：天下无讼

无讼是大同社会的一个理想。讼卦在六十四卦中是凶卦，讼则终凶。中华法系一个很重要的特点是以和为贵，鼓励少讼。冯梦龙对寿宁人好讼现象多有记载：“寿讼最简，亦最无情，如鬻产者再三加贴尚告白占，百年前古契犹怀为至宝。”“亦多有伪造以争价者，所望不奢。故年月稍近，有司往往怜贫量断，亦从俗云尔。”“宦债未清，屡见讼牒。”“有争金瓶位者……不尽亲族，而先授他人，则讼。”好讼者不仅告普通人，而且敢告官差，“民首一盗，无何，首者被讼。官捕一盗，无何，捕者亦被讼”。还有人冒名顶替，越级诉讼，影响极坏，如有一个叫符丰的人，“仇视其族，遍讼各台，更名借籍，诬杀陷盗，如鬼如蜮，不可端倪”。

因为多讼，寿宁还产生了一个专门替诉讼当事人做担保或为其办理诉讼事宜的特殊群体，叫做“保人”。“小民在城者，以歇保为生理。两造不责保人，虽拘摄不听也。保人各为其主，不减自讼。如愿息，亦惟二保人为政。”

冯梦龙深知好讼之弊，他给出的药方是“省其谳牍，可使无讼”，具有很强的针对性。他既重视以雷霆重拳保一方平安，如办理陈伯进案、姜廷盛案，也重视通过改革文书、道德教化、调解劝导等方法，综合施策，力促“无讼”。

狭义地理解“省其谳牍”，冯梦龙采取了两个举措。一是缩减篇幅。断牛案仅用16个字判词就让两个村庄止争言和，平息了一场群体性纠纷，令人击节。《缪氏大家谱》中保留的民事判决文书也只有148个字，但其中多措并举，化解了一个令县、府、道三级官员头疼已久的遗留问题，令人佩服。二是革新语言。他以文学家的笔法撰写的《禁溺女告示》极有特色，十分出彩，语言明白晓畅，通俗易懂，反问、排比等多种修辞手法灵活运用，内容动之以情、晓之以理、警之以法，诉诸底层百姓。结果立竿见影，恶风顿息，功德无量。

广义地理解“省其谳牍”，冯梦龙可选择的有道德教化、调解劝导和官批民调等办法。在教化上，冯梦龙为士子“立月课，且颁《四书指月》亲为讲解”。“四书”中包含儒家“和谐”“无讼”的思想，冯梦龙编纂的《四书指月》中必然融入个人理念，使三尺杏坛成为道德教化、源头防讼的平台与途径。传说，他还在申明亭旁立“戒讼劝和碑”，碑中列举好讼之害有八：耗货财、伤天伦、致疾病、结怨毒、生事变、损品望、召侮辱、失家教。在个案上，冯梦龙重视官府调解、民批民调。他记载了寿宁民间独有的一种调解方式：“两姓构怨不休，亲知欲为解纷，使乙子拜甲为父，立券而罢。或夙逋不偿，亦用此法，即折券为义子。履袜之赠，虽中怀龃龉，犹终身称父。”这种化怨为亲的结义解纷方法，消弭了不少民间纠纷。

人民对美好生活的向往，就是我们的奋斗目标。经历了民族的沉沦与崛起，见证了历史的苦难与辉煌，寿宁群众和全国人民一道共同走进了共产党领导的新盛世。习总书记带领大家将中国特色社会主义伟大事业推到了新阶段，开展了以党的建设为重点的伟大工程，打响了包括反贫困、反腐败在内的许多伟大斗争，比历史上任何时期都更加接近中华民族伟大复兴的中国梦。

（作者为福建省寿宁县人民法院院长）

传承创新

从历史文脉中寻找文化资源

王 尧

讲文化自信，需要从优秀传统文化、历史文脉中寻找资源；挖掘和弘扬冯梦龙文化遗产，可以为苏州的发展增加文化力量。

冯梦龙是明代著名的文学家，一生创作了大量的文学作品，尤以“三言”（《醒世恒言》《警世通言》《喻世明言》）闻名于世。冯梦龙在当时对文化遗产的整理和研究亦有突出成就。我们也应该用冯梦龙对待文化遗产的方式来保护和传承他的文化遗产。今天，我们研究冯梦龙的文化遗产，是为了激活冯梦龙的当代意义，为社会的发展增加文化的力量。

我们的思想文化资源，很重要的一个方面来自优秀传统文化。现在讲文化自信，就是要在优秀传统文化、历史文脉中寻找思想文化资源，并加以传承和创新。挖掘和弘扬冯梦龙文化的资源，就是为社会发展增加文化的力量。

这些年，相城区在冯梦龙文化建设上做了很多工作，在挖掘、宣传和研究“冯学”等方面都有很大进展，也取得了很大的成效。在相城区，冯梦龙文化已渗透到社会的日常生活中，这样的实践值得肯定。我想，多少年后，冯梦龙的文化遗产将成为相城文化的重要组成部分，也会推动“文化相城”的建设。

那么，这里就涉及一个问题，我们今天应从怎样的思路来进入冯梦龙的研究？

首先，冯梦龙是一个什么样的人物？用今天的眼光看，他是一个作家、学者，也从政，是学者型官员。他在文学创作和文化整理上都做出了很大贡献。我们要在“文化传统”和“传统文化”两个层面上来理解冯梦龙，要从这两个角度来探究冯梦龙的思想和成就。

其次，何谓文化传统？它指千百年来我们民族所形成的价值体系。冯梦龙作为一个文学家，他所有的文本体现了怎样的精神和价值，也就是历史观、价值观和审美观。他作为一个人文知识分子，作为一个官员，又有怎样的思想、品格，包括他地方治理的思路等。这与“文化传统”相联系，也是“文化传统”的一部分。

再次，何谓传统文化？它是文化的具体载体和形式。如果说文化传统是道，那么传统文化就是器。我们通常讲的从《诗经》《楚辞》到明清小说，就是传统文化。还有大传统和小传统，像民歌、民谣以及其他民间文艺形式就是“小传统”。每一个时代都有自己的文化特色。我国古代是以诗文为主的，小说的地位并不高。从文学史的角度看，冯梦龙的贡献太大了。他的“三言”，是古代通俗小说的杰作，深刻影响了近现代通俗小说的创作。冯梦龙本人的创作量非常大，又做了大量的整理工作。我们今后有个设想，就是要专门建立一个冯梦龙研究的网站，并建立数据库，使之成为研究冯梦龙的重要参考。现在启动的是做一个《冯梦龙读本》，适应不同层次的读者的阅读需求。

从冯梦龙文化建设对当代社会的影响，我想突出谈几点看法：

首先，冯梦龙是一位极具现实关怀和人文关怀的作家、学者和官员。这一点我们可以从“三言”故事中看到，也可以从他在福建寿宁的从政经历看出。无论是创作，还是为官，他都直面现实，关心民生疾苦，这一特点在今天仍然有积极意义。

其次，要重视优秀传统文化遗产的整理和研究。冯梦龙在当时就十分重视“古今”文化遗产、民间文化的整理、收集和研究，因此给后人留下了丰富的文化遗产。当然，我们也应该用冯梦龙的方式来保护和传承他的文化遗产。这方面，相城区已经做了很多工作，相信会有很好的收获。

再次，要重视从民间文艺中汲取营养。今天的文化工作者要重视民间文艺的整理和保护，这对今天的创作者也具有启示。创作的源头在民间，要深入生活，扎根人民，才会在创作上有较大的收获。

最后，今天的为官者还要认真读书，要做“学习型”的干部。因为，只有自己具有文化的支撑，才能体会文化的重要，并能理解到文化和经济社会发展的关系。

可以说，一个有影响的杰出人物，一定是一个“传说”，冯梦龙就是这样一个“传说”，希望它能够生长出新的意义和内容，并对当代的文化建设产生重要影响。

（作者为教育部长江学者、苏州市文联主席、苏州大学文学院教授。本文根据“阳澄讲坛——第二届冯梦龙文化主旨演讲”录音整理）

冯梦龙作品名言警句的价值启示

王家伦　王少辉　秦兆基

冯梦龙是明代重要的思想家和我国负有盛名的通俗文学家。其作品中拥有大量的“修身、齐家、治国、平天下”的名言警句，这些名言警句既是中华民族最深沉的精神追求的重要组成部分，也是吴地文化独特的精神标识的重要代表。

收集、整理、研究这些名言警句，有助于社会主义核心价值观在吴地文化沃土中产生更基本、更深刻、更持久的文化力量，有助于通过优秀传统文化的创造性转化和创新性阐释，向一般读者以及中小学生开展教育工作。

冯梦龙如今已是苏州家喻户晓的历史人物，然而在近百年前，他还不为太多的人知晓。1920年，鲁迅在北京大学讲授中国小说史时并未提及，有其《小说史大略》的讲义为证；1930年撰写《中国小说史略》时方才话及，然而其时未及见“三言”，“仅知其序目”。随着“三言”和其他著作被发现，并通过现代传播手段得以广泛流传，冯梦龙作为通俗小说家已经被学界和社会公众所认同。但是，冯梦龙以及他作品的价值和意义，并没有得到应有的恰如其分的估量。正如瑞典汉学家、作家马悦然所言，欧洲人最早接触的中国文学是“三言”，欧洲人知道冯梦龙比知道曹雪芹早了好几十年，可惜中国古代对这位通俗文学大家很不重视。马悦然对中国文学有深入的研究，说得很有道理。

其实，问题不只是对于冯氏文学成就的估量偏低，更在于对其诸方面成就的漠视。冯梦龙的成就是多方面的，并不囿于文学领域。他在经学、诗学、民俗学、历史学、运筹学、教育学、伦理学等领域等都有相当的建树，表述了不少非常有意义的见解。冯梦龙的著

立身，必须处理好自己与他人的关系，即“处世”。冯梦龙在《古今小说·临安里钱婆留发迹》中所说的“同乐同忧真义气，英雄必不负交亲”，就是他的处世观。又如他在《智囊》卷一《上智·丙吉　郭进》中说：“容小过者以一长酬，释大仇者以死力报。唯酬报之情迫中，故其长触之而必试，其力激之而必竭。彼索过寻仇者，岂非大愚?”意为容忍别人小的过失，对方能发挥一技之长作为回报；饶恕大仇人，对方能不顾生死作报答。因为对方回报的心意聚集在内心，所以他会长久地寻找机会报答你，而到了紧急关头，他更会竭尽全力来帮助你。那种一味追求对方的过失，睚眦必报的人，难道不是很愚蠢吗?

冯梦龙在他的名言警句和作品中还为我们留下了各种宝贵的处世之法。比如：需要透过现象看本质，不被表象所迷惑；勿以善小而不为，勿以恶小而为之；不义之财莫取，非理之事莫为；时刻扪心自问，做事能够无愧于心……

总而言之，“立身”“处世”是分不开的，良好的人际关系是我们立身处世的基础。

3.“安家”与“持家”

冯梦龙深谙安顿家庭、使家庭安乐的重要性，如《醒世恒言·三孝廉让产立高名》中说，“孝义名高身并荣，微利相争家共倾”。他认为：首先，安家能够让家庭和睦，人心和谐；其次，安家能够让整个家族安稳兴旺，长盛不衰；最后，安家能够让国家安定繁荣，蒸蒸日上。国是由无数个家组成的，家是国必不可少的一部分，家需要国提供一个稳定的社会环境，保证家的正常社会活动，国的稳定也需要每个小家的稳定。当然，不管是在家庭中还是在国家中，都有一个“规则”，即伦常有秩。

在安家的基础上，进一步管理好家庭，做到“持家”有方。持好家，管理好家庭需要投入大量时间和精力，需要付出爱心和智慧。这不仅仅是履行家庭职责，更是在履行社会职责。

冯梦龙有其独特的家庭理念。在择偶问题上，他认为不能局限于所谓的“门当户对”和“父母之命，媒妁之言”，应看重对方的人品，将儿女婚后的幸福放在首位。他在《警世通言·赵春儿重旺曹家庄》中说："有智妇人，胜如男子。"娶远见卓识的女子做"贤内助"，必定"家和"，如此夫妻同心同德，家庭方能安定和谐。他在《古今小说·杨八老越国奇逢》中曰："治家以勤俭为本，守株待兔，岂是良图?"就是告诉我们即使家有万贯，也应治家有道。应以"勤俭""勤勉"的原则治理家庭。勤俭，是持家的根本；无论是农民还是商人，职业无论高低贵贱，都要认真工作，勤俭持家，不可贪图安逸享乐。他认为"农工商贾虽然贱，各务营生不辞倦。从来劳苦皆习成，习成劳苦筋力健"（《醒世恒言·张孝基陈留认舅》），实际上就是渗透在他安家观中的平民意识。

总而言之，先"安家"后"持家"，而"持"好家更能促进家之"安"。

（二）冯梦龙平民观形成的背景

冯梦龙出身"理学名门世家"，家庭对冯梦龙的希望和要求，自然便是读书、晋仕，成为封建统治阶级的上层人物。冯梦龙从小好读书，是一个"早岁才华众所惊"的才子，他的童年和青年时代与封建社会的许多读书人一样，把主要精力放在诵读经史上，以期能够借助科举走上仕途，实现自己的理想。然而他的科举道路却十分坎坷，屡试不中，直到 57 岁时才补为贡生，次年破例授丹徒训导，61 岁升任福建寿宁知县，4 年后秩满回乡。

明代中后期，被不少学者称为中国的"文艺复兴"时期。新思想层出不穷，学人们广泛借鉴，穷思冥搜，从经典中、民间口语中寻找思想武器。在这方面，冯梦龙比起其他的思想者如王阳明、李贽，以及其后的顾炎武、王夫之、黄宗羲等有着更为有利的条件。

也许他在学术思想的成就上远不如上述的几位，但其在形象性、草根性、普及性上显然有胜于斯；因为他有机会接触广大的市民阶层，熟知他们的生活。他身在士林，穷研经史，学究天人；但大半辈子沉沦下层，一方面或舌耕授徒糊口，或交游商贾，特别是书商，为书贾编辑养家，另一方面他经常出入于秦楼楚馆，体味着复杂的人生，在这种自由放任的空间里寻觅人生的真谛。所以说，他对于市民阶层有着相当的了解。就这点而言，可谓世事通明。

此外，冯梦龙所处的晚明是一个天崩地裂、以新代旧的时期。

孕育在封建经济内部的资本主义萌芽，带动了江南城镇的普遍兴盛发展，从而形成了新兴的市民阶层这股重要的力量。而市民作为一个随着经济繁荣产生的新阶层，与传统的自耕农有着本质的区别。世人的价值观念发生了很大的变化，冯梦龙和大多数封建士子一样，有着较强的社会忧患意识，面对这些社会变化，一种强烈的社会责任感驱使他凭借自己的智慧去“醒世”救人。

作为有识之士，冯梦龙目睹了整个社会的状况，加上他晚年还担任过地方官吏，也就有更多的机会面对社会现实。这一切因素都引起他对社会乃至国家的思考：如何去拯救迷失方向的社会群体？如何挽救风雨飘摇的王朝？

主客观原因的交织影响，促使冯梦龙平民观的形成，所以他既强调文学语言的雅化，注重文学的审美性，又主张文学要通俗化，以适应广大市民群体的需求，满足普通民众的精神需求。

（三）对当今的启示意义

纵观冯梦龙的言论，可以看出，其平民观具有鲜明的现实性和时代性。冯梦龙所阐述自己的或者评述别人的一些养生理念、修身要义、立身之言、处世之道、安家以及持家之法对今人也有所启示。

譬如当今生活节奏越来越快，我们不妨放慢自己的脚步，试着先从锻炼身体开始，保养身体。不管工作多忙，也要适当抽出一点时间，看看书，听听音乐，涵养性灵；再然后，做一顿营养丰富的饭菜。养生之路就这样开始了。

“立身要高，处世须让”，立身毕竟是强调自我教育、自我改造、自我完善的一种精神活动。在日常的生活当中，我们会和很多人打交道，会面临很多抉择。此时不妨放慢脚步，谨小慎微，先做好自己的事，从平时的点滴中开始修炼好自己的品德，养成遵守规则、尊重他人、诚实守信等良好习惯。从身边做起，从小事做起，做一个平常的、品德高尚的人。

冯梦龙安家观点追求的是家庭与国家的和谐统一，包含了亲情、学业、为人、处世等方面的要素。为了将这些家庭理念深刻传达出来，冯梦龙用生花妙笔，讲述了不同家庭的故事，其中的悲欢离合、爱恨情仇，令人感慨万千。在当今看来，这些依然有着重要的时代意义。

二、冯梦龙的为政观

如果把冯梦龙单单看成是具有平民思想的“两耳不闻窗外事，一心只读圣贤书”的一介书生，那就失之偏颇了。冯梦龙有着渊源颇深的积极入世的为政观念，从他的名言警句与他的平生实践中，我们可以得知他的为政观，这是“修齐治平”的典型表现。

（一）冯梦龙为政观之展示

“为政”，主要就是治理国家，处理政事。冯梦龙的为政观，主要表现在治国与平天下两个维度。下文我们从为政的基础“民”和“官”两个方面进行论述。

1.“爱民”与“保民”

冯梦龙在《麟经指月》中曰：“不以城郭为固，须平日辨别名分。不以兵甲为威，须平日固结人心。”这体现了他的民本思想。《荀子·哀公》中就有“君者舟也，庶人者水也，水能载舟，水能覆舟”，这是荀子对孔子与鲁哀公对话的提炼，后魏征劝谏唐太宗也多次转引这句名言，可见“民本”思想一直是儒家重视的治国之道。保全国家，一定要注重“保民”。首先，要保全自己的子民不受外人的侵害；其次，安抚人民，轻徭薄赋，减轻他们的负担，让他们安居乐业。如此，国家才会繁荣富强。

冯梦龙在《春秋定旨参新·成公下》曰：“固国以保民为本，长江巨川，限带封域，守国之末务；为国以安民为本，城郭沟池，重门击柝，守邦之末务。”我们可以在孟子的《得道多助，失道寡助》中找到这样的论述：“域民不以封疆之界，固国不以山溪之险，威天下不以兵革之利。”那靠的是什么？靠的就是民心。而民心，来源于为政者对民的保护。因此，保卫国家一方面要做到固结人心，同时也要有整体的忧患意识，这样才能使国家长治久安。

就保民而言，冯梦龙认为“失谋与失守，皆危国之自也”，“国之安危，关于谋之得失也”。（《麟经指月》）显然，冯梦龙认为保民的基础就是国家的安定。

更值得一提的是冯梦龙爱民保民观中的批判意识，他说：“古之良吏，化有事为无事，化大事为小事，祈于为朝廷安民而已。今则不然，无事弄做有事，小事弄做大事，事生不以为罪，事定反以为功。人心蠢蠢思乱，谁之过欤?”（《智囊》卷三《上智·龚遂》）如此激烈的批判意识，对于一个长期受封建教育的知识分子小官吏而言，确实难能可贵。

“保民”与“爱民”是相辅相成的。因为“爱民”，所以会去“保民”；而“保民”就是“爱民”的具体表现。

2.“清廉”与“勤政”

《春秋衡库》曰：“《春秋》深明其用，当自贵者始。故治国先正其心，以正朝廷与百官，而远近莫不一于正矣。”意思是治理一个国家，必须从上层开始，就一般的“民”而言，就是从“官”开始。评价一个“官”的标准有很多，但如果站在“民”的立场上，主要看其是否清廉和是否勤政。

《古今小说·沈小官一鸟害七命》中所谓的“非理之财莫取，非理之事莫为”，《警世通言·苏知县罗衫再合》中所谓的“无义之财君莫取，忍气饶人祸自消”，虽然适应所有的人，但对为官者而言，清廉是最低标准。西汉史学家司马迁任太史令时，朝中最得势的将军李广利千方百计想拉拢他，曾派家人给他送来一对珍贵的玉璧。司马迁之女妹绢见到这对晶莹透亮的玉璧非常喜欢，司马迁却深情地开导女儿说：“玉璧贵在无瑕，人也应如此。如果我收下这对玉璧，心灵上就会留下斑污，并要受制于人。”说完便命人把玉璧退了回去。

《春秋定旨参新》曰：“伯业之盛衰，由君臣之勤怠也。”意思是霸业的兴盛与衰败，与人君和臣子的勤奋和怠惰有关。当官的勤政，日理万机，则能救民于水火，防患于未然。我们这里说的重点是君王左膀右臂的“官”，他们更应当尽心尽力为民服务，如此，就会促使整个国家繁荣昌盛。

就“勤政”而言，必须坚持一条原则，这就是“做官也没甚难处，但要上不负朝廷，下不害百姓，遇着死生利害之处，总有鼎镬在前，斧锧在后，亦不能夺我之志。切勿为匪人所惑，小利所诱，顿尔改节。虽或侥幸一时，实是贻笑千古”（《醒世恒言·李汧公穷邸遇侠客》）。此话的意思是：为政者自己的意志一定要坚定。

“廉”与“勤”，两者之间有着密切关系：廉政是勤政的前提和条件，勤政是廉政的出发点和落脚点。廉政是立身之本，勤政是为政之基。而无论“廉政”还是“勤政”，都必须有坚定的意志。

（二）冯梦龙为政观形成之原因

冯梦龙的为政观与他的为普通百姓着想的平民观关系密切。正是因为有了为普通百姓着想的平民观，才使得他有了正确的为政观。而这些，又与他的名门家教与为官一任关系密切。

俗话说，“富不过三代”，而“贵”却可以相传好多代。苏州的状元宰相潘世恩家族，世代门第显赫。自乾隆年间始，这个家族科举成名者就没有间断过，以一状元、八进士、三十六举人的“高产”成为清代姑苏官绅的典型代表，享有“天下无第二家”之誉，有“祖孙父子叔侄兄弟进士”之称，是清后期苏州最为显赫的家族，故被苏州民间称为“贵潘”。究其原因，就是良好的家教代代相传，家族子弟从小具备忧国忧民之心。冯梦龙出身名门世家，从小受到的是正统教育，后来又饱读经书，所以，正确的人生观影响了他一生一世。

冯梦龙的为政观，并不是空喊的口号，他用自己的实际行动，阐释了自己的观念。从冯梦龙的《寿宁待志》中我们可以知道，他施政的核心体现为关注民生问题，即“一念为民之心”的民本思想。在担任寿宁县令期间，他洞悉地瘠民贫的现状，关注农业生产，对赋税沉重的情况表示忧虑，批判陋俗弊习等，同时也为自己的作为不大而感到惭愧。从这一点来说，冯梦龙的仕途，也促使了他进步的为政观念的成熟。可见，冯梦龙是一个较为成熟的政治家。

（三）冯梦龙为政观对当今的启示意义

无论何朝何代，爱民与保民，清廉与勤政都是为政的必要条件。“水能载舟，亦能覆舟”，治国理政的关键在人心向背，古代的执政者用对人民的畏惧来提醒自己，今天的执政者必须用为人民服务来要求自己。为官执政者必须用党只有为人民服务这个唯一的宗旨，党只有为人民谋利益这个根本的立场时时刻刻警醒自己，才能“不忘初心，牢记使命”。

“治国先正其心”，治国先从治官开始，民谚“上梁不正下梁歪”虽浅显却深刻。思想是行动的先导，自律是他律的内因。廉洁为官，各级领导干部首先必须保持自律意识，不能言行不一，满足于口头承诺。

为官一任，造福一方。造福一方，不是空话，是要让百姓安居乐业，政府工作人员必须勤勉，应当急民之所急，为民高效率地解决问题，而不是怕麻烦，推卸责任。当然，有了为民办事的决心与行动，还要注意方式方法的正确与否，若不注意方式方法的正确性，不仅办不了事情，解决不好问题，还会降低办事的效率，失去人民群众的信任。

三、冯梦龙的教育观

一个社会，教育起着相当重要的作用，“修身、齐家、治国、平天下”离不开教育的作用。教育的功能大致可分为个体发展功能与社会发展功能。教育的价值，一方面是培养合格的、遵纪守法的公民，即为培养普通的平民百姓服务；另一方面，为国家、为社会培养具有牺牲精神、道德高尚的管理“精英”。冯梦龙在《古今谭概》中说：“夫人饭肠酒腑，不用古今浸灌，则草木而已。”这句话深刻地表现出他对学习以及教育的重视。

（一）教与学的目的：“成人”与“爱人”

冯梦龙认为，“学”是为了“成人”，“教”是为了“爱人”。

1. 学为了“存心复性”

学习的目的是什么？冯梦龙在《四书指月》中给出了答案：“圣贤教人学问，不过要人成个人。”这是他对孟子“学问之道无他，求其放心而已矣”这句话的感悟，他用更通俗的语言告诉世人学习的目的究竟是什么。

孟子认为，“求放心”是做学问的最高境界，“求放心”乃是寻求失落、放任的心灵，启发人们恢复天赋的善良本性，把已经丧失的善端找回来，使之成为道德上的“完人”。“求其放心”就是“存心复性”。他认为学习的根本目的在于保持或恢复人之善良本性，这可说是儒家的大传统。

因此，冯梦龙说“圣贤教人学问，不过要人成个人”完全符合儒家传统。之所以能有此认识，是因为冯梦龙出身世家，无论是在家中的苦读，还是与文震孟、姚希孟等的交往，或者是数度湖北麻城的讲学会友，都在他身上留下了儒家的印记。他自己为了科举数十年苦读，读的主要又是四书五经。

2. 教必须诲人不倦

三人行，必有我师焉。可以这样理解，我们每个人都会成为他人的老师。那么，为人师者，该如何教导学生呢？

孟子曰：“人之患在好为人师。”冯梦龙对这句话的理解颇有见地，他在《四书指月》中说：“好为人师，是上人之心；诲人不倦，是爱人之心。”

显然，孟子和冯梦龙对“为人师”都没有异议。“好为人师”，重点在一个“好（hào）”字。“好”字体现的是自我炫耀。“好为人师”为的不是传道授业解惑，而是贪图受人尊敬，甚至是可以训斥他人的虚荣而已。“上人之心”四个字解释了为何“好为人师”，因为这些人乐于凌驾于他人之上，将自己并不完善的想法强加于他人。别人接受时，他趾高气扬；别人拒绝时，他嗤之以鼻。冯梦龙对这类人的否定溢于言表。

冯梦龙更赞同的是“诲人不倦”。“诲人不倦”必须具备“爱人之心”。教导别人并不是为了“上人”，而是为了“爱人”。教育是一种有目的的培养人的社会活动，它的目的在于影响和促进人的发展，而不是为了炫耀教育者的学识，更不是为了凌驾于受教育者之上。

做人，应当谦虚谨慎，虚怀若谷。对外，保持自己的气度，以谦卑的姿态与人相处；对内，以谦虚严谨的态度做学问，不断学习，不断进取，成为一个学识渊博的人，一个智慧的人。然后，再去给别人“传道授业解惑”，这就是爱人。

冯梦龙的这些教育观，来自他的教学实践，并不是如那些“专家”们那样在书斋中凭空想象而来。

（二）学习态度：“有涯”与“无涯”

上文说过，冯梦龙从小好读书，他的童年和青年时代把主要精力放在诵读经史以应科举上。虽然他读书仕途并不顺利，但这并没有影响到他的学习态度。

1. 学无止境

孔子曰："学如不及，犹恐失之。"意思就是学习好像追赶什么，总怕赶不上，赶上了又怕被甩掉。冯梦龙在《四书指月》中写道，"学无程途可限，若见为己及，便是自画"，表达了对孔子这句话的感悟。

"自画"的意思是自己限制自己。真正有学识的人会发现要学的知识实在太多，穷极一生也只能学到冰山一角，而那些只学到皮毛的人会觉得自己学富五车，已经看到知识海洋的尽头了。

冯梦龙在《警世通言·王安石三难苏学士》中说道："读不尽者，天下之书。参不尽者，天下之理。"连苏东坡这样年少成名的才子，都有很多不知道的知识，都未参透许多做人的道理，数次被难倒。所以说人生在世，学无止境。想要成就一番事业，就必须拥有刻苦学习、不断进取的精神。如果一味地耗费那一点天资，到最后只能是江郎才尽，成为又一位"方仲永"。

如今，更是一个需要不断学习的时代，"终身学习"已成为人类的生活方式。因此，我们更应当谨记"学无程途可限"这个道理，发奋学习，珍惜时日。我们应该成为"要看到宇宙的疆界，也要永远看不到宇宙的疆界"的人。

实际上，冯梦龙自身就是一个坚持不懈，不断追求学问的人。

2. "无涯"来自"勤"

冯梦龙在《醒世恒言·徐老仆义愤成家》中说，"富贵本无根，尽从勤里得"，这句话通俗地表达了勤奋的重要性。

冯梦龙在《折梅笺》中收录了这样一则家书："我今命尔读书，无非欲其上进，耀祖荣宗，增光闾里耳。然隙驹易迈，须当焚膏继晷，百倍其功，不负师教，曲体亲心，无徒挫过时光也。勉旃，勉旃。"

第一句意为读书首先能够让自己变得优秀，而后能够让自己的家族荣耀，再次能够让邻居们感到光荣。这是一个读书人发展成才的结果，以小家荫及大家。而第二句是告诫孩子如何做：必须要夜以继日，付出百倍努力苦读，并且身体力行，用心学习，这样才能够不辜负教师的教诲，也不会浪费时间了。其中有一词“焚膏继晷”，本意指燃烧灯烛读书写作一直到第二天日光出现，今天形容夜以继日地勤读不怠。

苏州历来读书风气浓厚，人才辈出。从唐武德年间中国第一个状元问世算起，苏州共产生了五十多位状元，为天下之最。其中，哪一个不是通过焚膏继晷得以耀祖荣宗！冯梦龙为苏州本地人，这种劝学思想正是受到当地读书学习风气的影响。文中所言勉学有据有方，感情至深，实为受用。

勤学思想在冯梦龙的作品中出现过多次，在《太平广记钞》中，冯梦龙讲述了姚元崇勤学的故事。“母劝令读书，崇遂割放鹰鹞，折节勤学，以挽郎入仕，竟至宰相。”当时已二十三岁的姚元崇竟然能够从一个喜欢打猎游戏、出殡时牵引灵柩唱挽歌的人官至宰相，如此脱胎换骨之变，都是勤学的作用。

无论何朝何代，读书学习都相当重要。大到提高国民素质，提升国家软实力等，小到每个家庭望子成龙、望女成凤的愿望，都与教育这一途径密不可分。在当今条件下，我们更讲究科学地“勤学”，虽不必强求“焚膏继晷”，但取其精神是理所当然。

（三）学习内容：“动”与“静”

《四书指月》中曰：“仁知非他，即人心之动静是也。人心动中有静，静中有动，此是仁知合一处。舍静求动，其流为术数之学；恶动求静，其流为枯槁之学。”这一段话是冯梦龙对孔子“知者乐水，仁者乐山。知者动，仁者静；知者乐，仁者寿”的感悟。

孔子的这句话本来是说“知者”和“仁者”的不同，古往今来有多种解读。而冯梦龙独辟蹊径，将“动”“静”之说应用到做学问上。如果一味“舍静求动”，那么这类人的学问将是术数之学，即指古代用以推算未来、趋吉避凶的各种技巧、方法、算数之类的学问，显然缺乏能够触及人心的内容。

如果一味地“舍动求静”，那么这样的学问将是枯燥的、乏味的，没有任何理趣活泼的学问。缺少智慧的学问就像是无源之水，死气沉沉，一味地强调仁义道德而不去思考，这样的仁义道德只会是一句空话。

冯梦龙认为这两种学问都不能称为完整的学问，就像“有水无山，有山无水，不成个世界”。

在冯梦龙的心目中，动静结合的学问是“人生之常”。可见，冯梦龙对学习内容之“动”和“静”的理解，已经超越了孔孟儒家学说。这应该与他多次湖北麻城之行接受李贽的“邪端异说”密切相关。李贽认为，这个世界上没有什么永远不变的真理，随着时代的变化，人的思想、观点、认识也会跟着改变。后世的读书人在学习时都有自己对知识进行取舍的权利。李贽还指明：以几千年前的孔子的是非为是非，是培养不出真正的人才的，这对读书人是一个思想上的束缚。

当然，我们尚未发现冯梦龙完整的教育体系，所以不敢将之称为典型的“教育家”。但是，首先，他长期拜师苦读；其次，“曾先后教过同乡浦姓、庄姓、陶姓，无锡吴姓、黄姓，乌程沈姓以及麻城田姓、陈姓以及刘、周、董姓等众多弟子”；更重要的是五十七岁那年以“岁贡生”的资格担任丹徒训导，积累了大量的教学经验。于是，出自他的各类作品的名言警句中，体现了一系列至今看来仍然正确的教育观，有些甚至与当前教育界提出的“核心素养”暗合。

综上，我们从三个维度分析了冯梦龙名言警句的价值，这三个维度是相辅相成的。平民观是为政观的基础，为政观是平民观的展示，而平民观、为政观又离不开教育观这一基础。不难看出，这些观点与当今社会提倡的修身、齐家、治国、平天下关系密切。

冯梦龙名言警句是一座富矿，有待我们去开掘，用历史的眼光去观照，在现实社会中发挥其有益的功能。因为研究冯梦龙的名言警句，自有其意义所在。

（本文选自吴好主编《冯梦龙名言警句读本》，该书由江苏人民出版社2018年出版，略有删改）

挖掘名人文化基因　塑造区域文化特质

孙月霞

相城区自古风物清嘉，人文荟萃，既是兵圣孙武的归隐终老之地，也是吴门画派奠基人沈周以及著名文学家、戏曲家冯梦龙的故里。近年来，相城区根据区域资源禀赋，注重差异化发展，大力挖掘打造名人文化，放大名人文化孕育的文化基因，塑造独特的区域文化特质，放大传统文化孕育的文化根基。

一、加大学术研究

（1）先后成立阳澄湖文化研究会、冯梦龙研究会、孙武研究会，沈周研究会也在积极的筹建过程中。研究会积极举办各类学术研讨活动，集聚人才，形成研究高地，同时积极争取上级支持，进一步统一思想，达成共识，营造干事创业的浓厚氛围。

（2）开展课题研究。先后开展“阳澄湖文化的整合和产业化”“沈周与相城地域文化”“冯梦龙与相城地域文化”“江南稻作文化研究”等课题研究，其中冯梦龙研究课题多次获得省市社科联应用课题奖项，充分说明了上级部门对相城的支持和肯定。

（3）学术载体。创刊《世界兵圣》，全球发行，介绍全球研究孙子兵法的信息和动态。出版《冯梦龙研究》，目前已出版三辑。编创《冯梦龙传奇》的电影，在第十二届中美电影节上荣获最佳历史电影奖；该片曾在中央党校首映，并已于2017年7月1日在全国首映。

（4）学术活动。先后召开多次“冯梦龙与相城地方文化研讨会”，开展了“冯梦龙诞辰440周年”和“冯梦龙逝世370周年”纪念活动，举办“冯梦龙作品人物书画展”和“冯梦龙执政理念专题讲座”，举办“第二届‘世界兵圣 相城峰会’——孙武智慧与冯梦龙《智囊》国际学术交流会”，等等。

二、建设硬件载体

以孙武纪念园为平台，建设孙武生平故事长廊、《孙子兵法十三篇》墙阙、孙武文化展厅等，我们还创建了冯梦龙廉洁文化一条街、冯梦龙文化百米宣传长廊等。结合美丽村庄建设，先后修复了冯梦龙故居，改建了冯梦龙农耕文化园，新建了冯梦龙农耕文化展示馆。2014 年 11 月将冯梦龙故里新巷村正式更名为“冯梦龙村”。

自从孙武纪念园建成后，孙武后裔已连续两年自发来到孙武纪念园举行大型祭祀活动，祭奠先祖。这既是优秀传统文化的弘扬，也是孙子文化推广的优秀平台。2015 年，举办了首届冯梦龙文化旅游节，举行了新“三言”杯全国短篇小说征文大赛、《冯梦龙研究》首发式、冯梦龙学术研讨会、江苏省冯梦龙山歌会、嗑黄埭西瓜子达人赛、冯梦龙故里水果采摘活动、《冯梦龙传奇》电影开拍仪式等。第二届冯梦龙文化旅游节也已如期举行，《冯梦龙》连环画的创作也已完工，并在旅游节时首发。

三、积极打造相城文化

改变文化搭台、经济唱戏的想法，让文化插上经济的翅膀，将农业文明与现代文明嫁接，让文化特质与城市建设互匹配，传承传统文化根脉，真正打造“典型江南、非常新城”的城市特质、文化意境和文化想象。

1. 进一步做好学术研究

构建学术高地，形成人才的虹吸效应，做大分母，做强成果，做足氛围。

2. 加大文化传承

著名学者、苏州市文联主席王尧指出：没有教育，文化是不能传承的。我们将进一步加大在中小学和领导干部中的文化传承与教育，加强乡土教材建设，编印《冯梦龙文化》《沈周诗文》系列文化读本，开展相城名人文化“六进”活动，以图文并茂的形式，在村口路边、民宅小区、车站墙头书写张贴，在全区形成浓厚的地域文化氛围。

3. 文旅融合发展

厚植“文化+”发展理念，将文化和农业、旅游、生态融合发展，取得社会效益、经济效益、生态效益的三赢，让相城的文化名人真正的活在相城，留在相城，传承在相城。

（作者为相城区委宣传部副部长）

文化资讯

冯梦龙学术研究队伍正在形成

——江苏、福建两地“冯学”研究学者交流记

冯 研

2016年底，由中国俗文学学会、北京大学传统文化发展基金会、福建省社科联、福建江夏学院和福建省通俗文艺研究会联合主办的“2016福建冯梦龙文化高峰论坛”在福州召开。会后，福建省冯梦龙研究委员会从70多万字稿件中，遴选出43篇论文，结集出版了《冯梦龙文化高峰论坛论文集》一书。在刊载的论文中，来自江苏作者的有5篇，其中苏州的有3篇，而且都是“重量级”的。如《“三言”分析篇》中的第一篇《先进的理念　鲜活的人物——论“三言”中故事发生在苏州的几篇话本小说》，就是福建作者王凌和苏州大学教授徐国源合作而由王凌执笔写成的（徐国源教授谦虚，往往在编辑时把自己的名字删去）。近日《苏州日报》编辑《苏报智库调研录（相城高新区特辑）》时，全文收进了这篇文章，改题为《“三言”中的苏州故事值得重视》，供苏州市领导参阅！王凌和徐国源还有撰写之二、之三的计划。《生平解谜篇》中的第二篇是《淡墨幻出无声诗——南京博物院藏冯梦龙〈顾隐亮像〉墨迹题跋及〈垂柳落雁图〉刍议》，由南京博物院研究人员赵启斌、王茜撰写。经南京博物院同意，冯梦龙《顾隐亮像》墨迹题跋及《垂柳落雁图》已刊印在论文集的扉页和封底，第一次正式展现在世人面前，引起很大反响。《法治文化篇》收有江苏无锡作者伍大福写的《浅谈冯梦龙的事功观》。《学术梳理篇》中的多篇文章，谈到苏州市对冯梦龙研究的贡献，尤其是《综合研究篇》中收有屈玲妮、孙月霞合写的《冯梦龙与相城地方文化研究》和马汉民写的《恭读冯梦龙的书　走冯梦龙文学之路》，都十分精彩，使读者深受教益。还要一

提的是，日本资深学者大木康写的《冯梦龙在日本——影响与研究》也收入了论文集，内容详实、新鲜；大木康先生是由苏州学者牵线搭桥，介绍给福建省学界认识的日本学者。另外，在冯梦龙文化高峰论坛上，苏州市冯梦龙文化研究会会长李彩男先生在研讨会上作了精彩发言，可惜没有提供文字稿而无法收入论文集。

福建冯梦龙研究委员会主任、论文集主编王凌深情地回忆起2017年9月应邀参加第二届苏州冯梦龙文化旅游节的情景，他当时作为学者代表作了主旨发言。他说：三十多年来，福建与苏州密切配合，推动着冯梦龙文化研究不断前行。尤其是党的十八大以来，在习总书记多次点赞冯梦龙的有力推动下，两地共同发力，彼此呼应，配合默契。福建省先后举办了“2014寿宁冯梦龙文化高峰论坛”和“2016福建省冯梦龙文化高峰论坛”，苏州均派代表团出席并提供高质量的论文。而苏州也先后举办第一届（2015年）、第二届（2017年）冯梦龙文化旅游节，出版了为学术界称道的《冯梦龙研究》，王凌每次都借此图书发表论文，尤其是探讨冯梦龙“三言”中故事发生在苏州地区的十篇话本小说的特殊价值和重要意义。冯梦龙在苏州地区的活动太重要了，均有待进一步挖掘研究，以充分展示这位文学家、思想家、一代廉吏的真实而完整的崇高形象。这也是我们的共同任务！

现在福建和苏州的老百姓及研究者谈及冯梦龙时，经常喜欢说这样一句话：“冯梦龙是苏州的，也是福建的，更是中国的，也是属于全世界的！”当然，由于冯梦龙在苏州和福建的特殊经历，决定了我们这两个地方的老百姓及研究者对冯梦龙有着更多的了解和热爱，也承担着更多的责任来研究和继承冯梦龙文化这份中华民族优秀文化传统中独具魅力的瑰宝。福建提出要持久地推动“冯梦龙研究1316工程”，福建省委、省政府已将冯梦龙列入福建历史上最有代表性的六大文化名人之一。我们愿意同苏州市以及全国研究冯梦龙的朋友携手奋进，努力向习总书记上交一份让他满意的答卷。

王凌还亲自撰句，并请福建省著名的书法家叶家佺先生撰写了一副对联献给大会：“苏州福建千里远，梦龙文化一线牵！”媒体对此作了广泛报道，表达了两地的深情厚谊！

苏州相城成功举办第二届冯梦龙文化旅游节

冯综宣

2017年9月23日至30日，苏州相城高新区成功举办第二届冯梦龙文化旅游节。本届旅游节以“畅游梦龙故里，乐享人文生活”为主题，开展旅游文化节主题演讲会、冯梦龙山歌会、“梦龙清风”廉洁文化旅游线路参观体验活动、主题书画展以及摄影作品展等多项活动。活动深入推介冯梦龙村的文化旅游资源，着力推进农文旅融合发展，服务地方经济发展，实现社会效益、经济效益和文化效益的三赢，打响“冯梦龙故里”这一文化品牌。

冯梦龙是晚明著名的文学家、戏曲家，他创作的《醒世恒言》《警世通言》《喻世明言》闻名于世。冯梦龙是相城区黄埭镇冯埂上人，2014年11月，为了纪念其诞辰440周年，黄埭镇新巷村更名为“冯梦龙村”，以“梦龙故里”为主题的文化旅游随之兴起。

本次活动由江苏省作家协会、江苏省民间文艺家协会、苏州市文学艺术界联合会、中共苏州市相城区纪律检查委员会、中共苏州市相城区委宣传部、江苏省相城高新技术产业开发区管委会等联合主办。

相城高新区管委会主任朱建荣在致辞中说，文化旅游节为相城区提供了展示文化、彰显风采的舞台。

苏州相城区委常委、宣传部部长吴妤表示，“文化是旅游的灵魂，旅游是文化发展的重要途径”。相城风物清嘉，人文荟萃，千年文脉，延续至今，孕育了御窑金砖、元和缂丝等一系列非物质文化遗产，凝结着一丝不苟、精益求精的工匠精神。这里走出了“兵圣”孙武、“商圣”范蠡、“明四家”之一沈周，以及通俗文学泰斗冯梦龙，这些名人风物充分彰显了相城人的文化自信。

近年来，相城深入挖掘本土传统文化，致力打造文化加旅游发展理念。作为冯梦龙的故里，在构筑冯梦龙文化研究与传承高地的同时，开辟文旅融合的新天地，举办了一系列文化活动，包括与福建寿宁县结对共建，打通与冯梦龙为官地的沟通渠道，开展冯梦龙与相城地方文化课题研究等一系列研究。另外，文化载体的建设也在同步进行，如修复故居、建立农耕文化园、新建冯梦龙纪念馆等。

2017年6月上映的电影《冯梦龙传奇》，首次将冯梦龙生平事迹搬上大银幕，讲述了冯梦龙从苏州至寿宁、由为文而从政的传奇经历。冯梦龙村村委会副主任沈亮亮透露，冯梦龙村就是这部影片的主要取景地之一。电影《冯梦龙传奇》获得国际电影奖，助推冯梦龙文化走向国际。

旅游节开幕当天，与会嘉宾和当地约20名纪检委员成为“梦龙清风”廉政文化旅游路线的首批体验者，通过游廉景、知廉迹、猜廉谜、书廉语、诵廉句、观廉影等方式，在感受梦龙故里独特韵味的同时，深入学习冯梦龙“勤、公、实、廉”的为官精神。相城高新区纪委副书记徐政德介绍，前期已陆续有多个苏州机关单位主动前来对接，今后这里将成为江苏省廉政教育示范基地，打造“梦龙清风”廉政文化品牌。

开幕式现场，第二届冯梦龙杯“新三言”全国短篇小说征文大赛颁奖仪式，《冯梦龙研究》及冯梦龙连环画等授书仪式相继举行，同时还举办了冯梦龙纪念馆、梦龙清风园、廉政工作室揭牌仪式，“梦龙清风”廉洁文化旅游路线启动仪式。

旅游节期间，黄埭西瓜子、春申湖大米、黄埭挂面、冯梦龙村猕猴桃等在农副产品展销会场上得以亮相。

（综合中青在线、中国江苏网等多家媒体报道）

编 后 记

光阴荏苒，《冯梦龙研究》这个学术园地的开辟已有四载！短短数年，这本凝聚着许多“冯学”研究者心血的出版物，虽不敢说硕果累累，但至少结出了不少丰实的果子。这，既让人高兴，也令人期待！

学术研究阵地的建设不像建屋造房，短短数月，一幢高楼就会拔地而起，它往往要经过长年累月的辛勤耕耘，才能集腋成裘，聚沙成塔。让人欣慰的是，在相城区委宣传部和黄埭镇政府的竭诚支持下，《冯梦龙研究》这个学术阵地正在不断长大。近年，这本出版物除了得到国内外众多学者的热诚响应外，还逐步形成了以江苏（苏州、南京）、福建（福州、寿宁）、上海、湖北麻城等为“重镇”的研究者队伍。这个“效应”来之不易，也鼓励着编者要加倍努力。

本辑刊发的学术文章，有长期支持本书的老学者的新作，也有近年涌现的“冯学”新秀的研究论文。本辑还刊发了 2 篇特约稿件，旨在拓宽冯梦龙研究的学术视域，并希冀从“冯学”的古今联系中寻找价值启示。

期待这本以“冯梦龙”命名的出版物得到更多的关注和支持！

编 者